DUFTPFLANZEN
rund ums Haus

blv garten **plus**

Helga Urban

DUFTPFLANZEN
rund ums Haus

Die besten Arten und Sorten
Auswählen • Gestalten • Pflegen

blv

Inhalt

Was man nicht sehen, hören oder fühlen kann

Düfte verleihen einem Garten und Pflanzen in Töpfen auf Fensterbank, Balkon und Terrasse eine zusätzliche Dimension. Wer nicht nur auf Schönheit und Farbe der Blüten, sondern auch auf den Duft achtet, wird fasziniert sein von der Vielfalt der Düfte – und auch einige Pflanzen schätzen lernen, deren Blüten eher unscheinbar sind.

Duft – die überflüssigste Sache der Welt? Besonders heutzutage, wo er nicht mehr lebensnotwendig ist, jedenfalls nicht für uns Menschen?
Niemand braucht ihn mehr, um Feinde rechtzeitig zu wittern oder um die tägliche Nahrung auf Genießbarkeit zu prüfen. Und somit hat sich auch unser Geruchssinn im Lauf der Zeit zurückentwickelt. Wie schade! Wo doch Düfte so wichtig für unsere Seele sind. Sie können uns in eine unbeschreiblich schöne Stimmung versetzen, uns positiv oder auch negativ beeinflussen. Selbst etwas so Technisches wie ein Auto wird von einem Geruchsteam getestet. Schließlich soll man sich in einem Auto wohlfühlen. Wie sehr gilt das erst für einen Garten!

◄ Der Schmetterlingsstrauch trägt seinen Namen zu Recht. Vom Sommer bis zum Herbst lockt er durch seinen herrlichen Honigduft nicht nur uns an.

Düfte und Gefühle

Hinzu kommt, dass die Duftwahrnehmung sehr subjektiv ist. Für mich ist beispielsweise im weichen, sehr fremdartigen Duft der Passionsblume, das Geheimnis des Orients verbor-

gen – für viele andere Menschen dagegen ist es nur ein eigenartiger Geruch.
Ob wir einen Duft mögen oder nicht, hängt auch damit zusammen, welche Erinnerungen wir mit ihm verbinden. Wer bei dem Duft weißer Lilien an Trauer denkt, wird wahrscheinlich schwere, süße, honigartige Düfte nicht zu seinen Favoriten zählen. Hat er dagegen bei seiner Hochzeit ein Maiglöckchenbukett im Arm gehalten, wird er sein Leben lang diesen Blumenduft lieben, unter der Vorausset-

Früh übt sich! Bei Kindern ist immer wieder zu beobachten, dass sie instinktiv an den Pflanzen schnuppern.

Pflanzen duften nicht für uns, sondern für Insekten. Diese Honigbiene wird durch ihren Besuch den Fortbestand der Pflanze sichern. Aber wir dürfen den Duft genießen.

zung natürlich, dass die Partnerschaft glücklich ist.

Mit der Nase nehmen wir einen Duft auf. Ob wir ihn aber als wunderbar oder unangenehm empfinden, dafür ist das Gehirn zuständig. Dort wird der Sinneseindruck erzeugt, das »Geruchsbild« entsteht. Gerüche sind durchaus keine geheimnisvollen Strahlungen. Winzige Teilchen lösen sich von der Materie, treffen durch die Bewegung der Luft auf den oberen Teil der Nasenmuschel, in der sich die Riechzellen befinden, beim Menschen sind es etwa 20 Millionen Zellen. Dort entsteht ein Signal, das an das Gehirn weitergeleitet wird. Gefühle, die wir nicht kontrollieren können, kommen dazu, und so ergibt sich ein ganz individuelles »Geruchsbild«. So erklärt sich, dass der Duft ein und derselben Blüte nicht nur von verschiedenen Menschen unterschiedlich empfunden wird, sondern auch von einem selbst, abhängig von der jeweiligen Stimmung. Obwohl sich der ganze Vorgang biologisch erklären lässt – er ist trotzdem ebenso geheimnisvoll wie faszinierend.

Ein natürlicher Blütenduft – gibt es etwas Schöneres? Für mich hat kein synthetisch hergestell-

ter Duft die gleiche Vollkommenheit wie z. B. der nostalgische Veilchenduft, dessen beruhigende und zugleich anregende Wirkung nur an einem warmen Frühlingstag im Garten empfunden werden kann. Im Garten kann jeder auf seine Art glücklich werden – ich nur in einem romantischen Garten voller Wohlgerüche.

Wie entstehen Düfte?

Pflanzen duften nicht für uns Menschen. Duft ist für sie Selbstzweck: Energiespeicher, Schutz vor Krankheiten, Temperaturregler – aber in erster Linie lockt er Insekten an, damit der Fortbestand gesichert wird. Flüchtige Ausscheidungsprodukte, die **ätherischen Öle,** sind

für den Duft bei Pflanzen verantwortlich. Wenn sie sich mit der Luft verbinden, werden sie freigesetzt, zur Freude der Insekten und natürlich zu unserer.
All die herrlichen Düfte können sich ganz unterschiedlich entfalten. Der Standort, ob sonnig oder schattig, spielt genauso eine Rolle wie die Tageszeit, der Boden, ob er schwer oder locker ist, und letztendlich das Wetter. In den späten Nachmittagsstunden, nach einem warmen, leichten Sommerregen, wenn sich kein Lüftchen regt ... kommen wir in den Höchstgenuss der himmlischen Düfte. Unwillkürlich denkt man bei Pflanzen an den Duft der Blüten. Und sie sind es auch, die uns in erster Linie den Duft schenken. Die Duftstoffe (ätherischen Öle) sind in den oberen Zellen der Blütenblätter eingelagert. Je mehr Blütenblätter eine Blüte hat, desto intensiver kann sie duften. Die Knospe duftet noch nicht, erst wenn sie sich entfaltet, wird der Duft freigesetzt und wir können uns an ihm berauschen.
Aber da einige der Blütenbestäuber ausgesprochene Nachtschwärmer sind, muss es auch für sie etwas geben. Und meist sind es helle Blüten mit sehr intensiven Düften, die Nachtfal-

ter – und selbst auch Fledermäuse – anlocken. Kein Wunder, die hellen Blüten leuchten noch in der Dunkelheit und sind ein optischer Wegweiser. Der intensive Duft kommt hinzu und führt die meist kurzsichtigen oder sogar blinden Bestäuber zu ihrem Nektar. Wir Menschen sind die Nutznießer und können auch nach Feierabend Düfte genießen, die oft besonders betörend sind.

Wenn Sie Ihren Sitzplatz vorwiegend in den Abendstunden nutzen, sollten Sie sich mit Duftpflanzen umgeben, die erst zu dieser Zeit ihren Duft verbreiten, beispielsweise von Levkojen oder Nachtviolen. Sie entfalten sich besonders gut an einem warmen, geschützten Platz – einem Platz, an dem auch wir uns nach getaner Arbeit wohl fühlen.

Duftpflanzen sind eigentlich ein »Muss« in der Nähe eines Sitzplatzes. Wo sonst könnte man sich besser an ihnen erfreuen?

Maiglöckchen sind im Frühlingsduft-
garten unentbehrlich und ein typisches
Beispiel dafür, dass weiße Blüten meist
besonders intensiv duften.

Duft und Farbe

Die Farbe der Blüten spielt bei
der Duftintensität eine nicht
zu unterschätzende Rolle. Kräftige Farben – wie Blau, Rot
oder Orange – haben es nicht so
dringend nötig, auch noch mit
Düften auf sich aufmerksam zu
machen. Sie werden von den Insekten auch so gefunden.
Zarte Farben dagegen – wie
Zartviolett, Rosa, Hellgelb und

besonders Weiß – müssen auf
den Duft zurückgreifen, wenn
sie nicht »übersehen« werden
wollen. Sind sie auch noch
klein und unscheinbar, wie
beispielsweise *Sarcococca,*
ist ein unwiderstehlicher Duft
ihre einzige Chance in dem
botanischen Wettbewerbs-
kampf. Blühen sie dann auch
noch im Winter oder Vorfrühling, zu einer Zeit, in der die
Insekten nicht wählerisch
sein können, brauchen sie um
potentielle Besucher nicht zu
bangen. Zum Glück für uns
Menschen, denn uns werden
dadurch die wunderbarsten
Düfte geschenkt.

Die Blätter der Pfefferminze duften und
schmecken aromatisch und frisch.

Blattdüfte

Nicht nur die Blüten einer Pflanze verströmen ihren Duft, auch
das Laub kann duften. Anders
als bei den Blüten wird der Duft

Pflanzen mit duftendem Laub		
Deutscher Name	**Botanischer Name**	**Duftintensität***
Sträucher		
Zitrone/Orange	*Citrus*	DD
Duftpelargonien	*Pelargonium*	D
Kräuter		
Waldmeister	*Galium*	D
Lavendel	*Lavandula*	DD
Pfefferminze	*Mentha*	DD
Katzenminze	*Nepeta*	DD
Oregano	*Origanum*	DD
Rosmarin	*Rosmarinus*	DD
Salbei	*Salvia*	DD
Bohnenkraut	*Satureja*	DD
Mutterkraut	*Tanacetum*	DD
Thymian	*Thymus*	DD
* D – Duft deutlich wahrnehmbar; DD – Duft intensiv		

der Blätter nur durch äußere Einflüsse freigegeben. Die Zellen, in denen das ätherische Öl gespeichert ist, müssen erst zerstört werden. Bei dem weichen Laub der Pfefferminze oder der Duftpelargonien reichen Wind und Regen, intensive Sonnenstrahlen, auch ein leichtes Vorbeistreifen aus, um uns in Düften schwelgen zu lassen. Die kräftigeren Blätter der Citrusgewächse oder auch des Rosmarins müssen erst zerdrückt werden, um uns auch an ihrem Duft teilhaben zu lassen.

Nicht nur der Duft der Blüten, sondern auch der der Blätter weist also eine erstaunliche Vielfalt auf.

Wie lässt sich Duft beschreiben?

In diesem Buch habe ich die Pflanzen in sechs Duftgruppen eingeteilt (siehe auch die Angaben in den Porträts Seite 53 ff.):
• **Schwere Düfte**
sind süß und intensiv, oft auch ein »zu viel« an Duft, allerdings nur in sehr hoher Konzentration oder aus allernächster Nähe. Schwere Düfte kommen besonders bei weißen Blüten vor: Jasmin, Hyazinthen und Tuberosen sind dafür typisch.
• **Aromatische Düfte**
sind angenehm und würzig. Die »Gewürznelken-Note« ist bei ihnen stark vertreten, wie bei der Nachtviole und der Levkoje. Bei Pflanzen mit duftendem Laub kommen aromatische Düfte am häufigsten vor, von Bohnenkraut bis Thymian.
• **Vanilleduft**
ist weich und zärtlich, verträumt und romantisch. Glyzinen in vol-

Hyacinthus orientalis
'Violet Pearl' gehört in die Gruppe der schweren Düfte.

Dieses »Hanging Basket« voller duftender Kräuter und hat auf dem kleinsten Balkon Platz.

Heliotrop, der Vanillestrauch, heißt nicht nur so, sondern hüllt uns auch in diesen zärtlichen Duft.

Moosrosen haben den nostalgischen Blumenduft der Alten Rosen in sich.

Lonicera periclymenum, das Wald-Geißblatt, duftet intensiv nach Honig.

Dei *Choisya ternata*, der Orangenblume, duften Blüten und Laub nach Orangen.

ler Blüte, Heliotrop und Duft-wicken gehören dazu. Ich möch-te sagen, hier dominiert die Blütenfarbe Lila.

• **Blumige Düfte**

Süß und lieblich, beschwingt, oft etwas fruchtig und sehr oft ganz charakteristisch wie Veilchen, Maiglöckchen und natürlich der unvergleichliche Duft der Alten Rosen. Diese Bezeichnungen werden sehr oft selbst als Duft-beschreibung verwendet.

• **Honigdüfte**

sind weich und süß, als hätte man gerade ein Glas des feins-ten Honigs geöffnet. Nicht um-sonst wird der *Buddleja*-Strauch

im Sommer von Schmetterlin-gen umschwärmt und das weiß blühende *Alyssum* heißt im Englisch »Sweet Alyssum«. Durch die winzigen Blüten von *Sarcococca* wird der Garten im Winter in einen Honigduft gehüllt.

• **Fruchtige Düfte**

sind spritzig und meist frisch. Hier gibt es oft konkrete Be-zeichnungen wie »nach Oran-gen« bei *Choisya ternata,* der Orangenblume, »nach Zitronen« bei einigen Magnolien oder sogar »nach frischen Apriko-sen« bei der Rose 'Apricot Parfait'.

Wie uns Gefühle und Erwar-tungshaltung beeinflussen kön-nen, dazu gibt es in der Welt der Düfte eine Fülle von Beispielen. Der Duft frischer Aprikosen bei einer Rose oder der intensive Veilchenduft mitten im Winter – und zwar nicht von Veilchen – sind überraschend und werden nicht erwartet.

Weniger erstaunt dagegen ist man, wenn eine himbeerfarbene Hyazinthe wirklich nach Him-beeren duftet. Oder ist es hier die Erwartungshaltung, die uns diesen Duft empfinden lässt? Warum soll eine fast schokola-denbraune Blüte nicht nach

Schokolade, eine gelbe nicht nach Honig und eine leuchtend rote nicht leidenschaftlich duften?
Mehr als die Hälfte aller duftenden Blüten sind Weiß. Welch ein Glück für mich mit meinem kleinen weißen Garten. Auch ohne mein Zutun wäre er ein Duftgarten, voller verschiedenster Düfte: die ganze Duftpalette ist in der Farbe Weiß enthalten. Aromatisch duften Lavendel, Phlox, Levkojen und Nachtviolen im Sommer.
Im Mai wird mein Garten in einen Vanilleduft gehüllt – durch Glyzinen in Hülle und Fülle.

Blumige Düfte umgeben mich das ganze Jahr. Veilchen, Maiglöckchen, Flieder und natürlich Rosen – von kleinen, die den Boden bedecken, bis zu denen, die in den Himmel wachsen. Den leckeren Honigduft hole ich mir mit der Rispenhortensie, einem Geißblatt, *Sarcococca* und Madonnenlilien in den Garten. Fruchtig duften Orangenblume, Königslilie und *Philadelphus*. Meine ganze Liebe gehört allerdings den Blüten, die mich mit ihrem schweren Duft verzaubern – Citrusblüten, *Clematis armandii*, Jasmin, Gardenie und Tuberose.

Die Rambler-Rose 'Rambling Rector' und das ebenfalls weißblühende *Tanacetum* ergeben eine vollkommene Harmonie.

Phlox mit seinem aromatisch süßen Duft (hier die Sorte 'Rembrandt') ist auch ein optischer Genuss im weißen Sommergarten.

- Blüten- und Blattdüfte wirken auf die Seele wohltuend und entspannend.
- Jeder Mensch nimmt ein und denselben Duft unterschiedlich wahr.
- Der Duft entsteht durch die flüchtigen ätherischen Öle in Blüten und Blättern. Er übernimmt wichtige Funktionen im Leben der Pflanzen.

Mit Duftpflanzen durch das Gartenjahr

Duft ist nicht sichtbar. Er wird deshalb im Garten meist recht unbekümmert eingesetzt. Viel zu selten ist er Teil eines Konzepts. Bei der Farbgestaltung gibt man sich oft viel Mühe, warum nicht auch beim Duft?

Duft trägt genauso zur Harmonie in einem Garten bei wie Farben. Nur wissen wir weniger über den Duft als über Farben und können ihn deshalb weniger selbstverständlich einplanen.
Menschen und Pflanzen brauchen einander, denn Schönheit und Harmonie erfordern ein gewisses Maß an Ordnung, das nur wir Menschen einbringen können.
Damit Sie sich in Ihrem Wunsch-Duftgarten das ganze Jahr über wohlfühlen, aber auch Ihre Pflanzen glücklich sind, möchte ich Sie mit Düften durch Frühling, Sommer, Herbst und Winter führen.

Frühlingsdüfte

Wenn der Frühling zögernd auf der Schwelle steht und der Garten erwartungsvoll den Atem anhält – gibt es dann etwas

◀ Der Vanilleduft der Glyzine dominiert den Garten im Mai und versetzt uns in eine glückliche Stimmung.

Schöneres, als das erste **Veilchen** zu entdecken?

Allerliebstes Veilchen

Meist nimmt man zuerst seinen Duft wahr, bevor man es irgendwo, ganz bescheiden in einem Eckchen aufspürt. Dabei hat es *Viola odorata,* das Duftveilchen, gar nicht nötig im Verborgenen zu blühen. Viel ist über das kleine Veilchen geschrieben und gedichtet worden, es wurde besungen und belächelt – nie aber ist es aus der Mode gekommen. Und in einem Duftgarten sollte ihm der »Frühlingsboten-Platz« gebühren. Selbst Massen von Veilchen – die sich ohne unser Zutun einstellen, denn die fleißigen Ameisen verrichten hier die Arbeit, indem sie die Samen verschleppen – können uns kaum zu viel werden. Denn der Veilchenduft trübt unsere Duftwahrnehmung nach kurzer Zeit, als wäre der Duft verloren gegangen. Neigen wir uns voller Demut erneut über diese ausdauernde kleine Staude, ist der Duft wieder da.

Wir können viel vom Veilchen lernen: Demut und Beharrlichkeit – sie sind beim Gärtnern genauso wichtig wie Regen und Sonnenschein. Übrigens sehen Veilchen zwischen Pflastersteinen ganz allerliebst aus und machen den einfachsten Weg zu einem Duftpfad.

Veilchen sind selbst auf dem Straßenpflaster von höchster Anmut.

Veilchen als violettfarbener Teppich unter den blassgelben Blütentrauben der **Scheinhasel** *(Corylopsis)* ergeben zusammen nicht nur eine wunderschöne Farbgestaltung, sondern auch eine Duftharmonie.
Die unscheinbaren Blütchen vom **Buchs** fallen kaum auf, ihr Veilchenduft führt aber schon von weitem zu ihnen hin.
Auch die immergrüne **Skimmie**

reiht sich mit ihrem blumigen, an Veilchen erinnernden Duft in diese harmonische Klangfolge.

Süßer Duft liegt in der Luft

Kurz darauf ist die immergrüne **Duftblüte** (Osmanthus) mit

Osmanthus, die Duftblüte, ein Kleinod für einen schönen Terrakotta-Topf.

ihrem herrlichen Honigduft aus winzigen Blütenbüscheln zur Stelle. Der nicht sehr winterharte Strauch gedeiht besonders gut in einem großen Topf an einer geschützten Südwand. Ausgepflanzt entwickelt sich der **Duft-Schneeball** (z. B. *Viburnum × burkwoodii)* zu einem stattlichen Busch. Gegenüber echten Bällen aus Schnee haben seine Blüten mehrere Vorteile: sie sind weder kalt noch nass oder hart, und vor allem ist ihr warmer Gewürznelkenduft weithin wahrnehmbar.

Duftender Wonnemonat

Jetzt geht es Schlag auf Schlag und die verschiedensten Düfte wetteifern miteinander im fortgeschrittenen Frühlingsgarten: **Hyazinthen** in vielen Farben. Der **Waldmeister,** den ich eher als duftenden Bodendecker einsetze und weniger als Bestandteil der Maibowle. Der Waldmeisterduft ist besonders intensiv, wenn das Laub leicht verwelkt ist.
Anfang Mai, manchmal auch schon Ende April, werden wir in eine Vanillewolke gehüllt, ich möchte sagen, der gesamte Duftgarten wird in dieser schönsten aller Jahreszeiten vom Va-

nilleduft dominiert. Keine Wicke und kein Heliotrop vermag dieses Wunder zu vollbringen, aber **Glyzinen**, voll erblüht in ihrer ganzen Pracht. Trotz unseres wirklich kleinen Gartens habe ich fünf verschiedene Arten und Sorten, sogar eine lilafarbene. Sie hatte ich falsch gezogen – senkrecht nach oben. Außerdem ist es eine Sämlingspflanze. Als sie endlich blühte, bin ich reichlich belohnt worden: die lilafarbenen Blüten dufteten seither besonders umwerfend, einfach himmlisch. Die Pflanze wächst an der Westseite des Hauses und inzwischen auch an der Nordseite, mit etwas mehr Erfahrung horizontal um die Ecke gezogen. Sie bekommt dort so gut wie keine Sonne, blüht und duftet aber herrlich. Da es heute in den meist kleinen Gärten zwangsläufig viel Schatten gibt, ist die Glyzine als duftende Kletterpflanze zu empfehlen.
Maiglöckchen fühlen sich im Schatten wohl, und was wäre ein Duftgarten im Mai ohne diese entzückende Staude? Auf jeden Fall wesentlich ärmer. Ich bin nun reich, so reich sogar, dass ich sie großzügig verschenken kann. Jahrelang hat es ihnen gefallen, durch den Zaun zum Nachbargarten abzuwan-

In diesem Arrangement sorgen Maiglöckchen für den Duft.

Der Flieder und sein »Untertan«

Etwas Entzückendes für den Wonnemonat sind die echten **»Bluebells«** *(Hyazinthoides non-scripta),* die im Kapitel

In Trockensalz gelegte Flieder- blüten behalten ihren Duft, ihre Form und Farbe – und machen sich sehr dekorativ in einem Potpourri.

Ein Frühlingsgarten mit Wolken von duftendem Flieder.

dern. Ich fand das sehr undank- bar, ich hatte die Arbeit und er den unvergleichlichen Duft, der so charakteristisch ist, dass er selbst zur Duftbezeichnung wurde. (Die Lavendelheide duftet nach Maiglöckchen.) In- zwischen kommen wir beide, der Nachbar und ich, in den Genuss, und bald werden wir ein anderes Problem haben: wie dämme ich ihr freudiges Wachs- tum ein? In kleinen Gärten ist es besser, einige Maiglöckchen- pflanzen in einen großen Plas- tiktopf zu setzen, dessen Boden man herausgeschnitten hat, und das Ganze in die Erde zu versenken. Dadurch werden ihr Abwanderungsdrang und auch ihre Ausbreitungswut einge- schränkt.

»Ausgefallene Duftpflanzen« näher beschrieben sind (siehe Seite 47). Diese süß duftende Winzigkeit als Unterpflanzung für Flieder ist schon etwas Besonderes.

Was für mich Jahr für Jahr der **Flieder** aber auch ist. Obwohl er so bekannt ist, seine einfach blühenden Formen weit und breit wachsen, ganze Fliederduftwolken den Garten durchziehen und durch die geöffneten Fenster wehen – es ist für mich ein Duft, den ich im Mai nicht missen möchte: so herrlich nostalgisch, und eigentlich gehörte ein junges Mädchen mit Reifrock und Strohhut auf einer Schaukel dazu, jedenfalls in meiner Fantasie. Und Vogelgezwitscher, was dann schon realistischer ist. Aber warum soll man nicht einmal träumen?

Ähnlich muss auch Erich Kästner empfunden haben, und mit seinen Zeilen möchte ich das Frühlingskapitel beenden:

> »Die Zeit versinkt in einer Fliederwelle.
> Oh, gäb es doch ein Jahr aus lauter Mai!«
> Erich Kästner

Duftpflanzen im Frühling			
Deutscher Name, Botanischer Name	Duft-intensität*	Duft-gruppe	Farbgruppe
Sträucher			
Buchs, *Buxus*	D	blumig	gelb
Duftblüte, *Osmanthus*	DD	Honig	weiß
Flieder, *Syringa*	DD	blumig	weiß, rosa, rot, lila, gelb
Scheinhasel, *Corylopsis*	D	blumig	gelb
Schneeball, *Viburnum × burkwoodii*	DD	aromatisch	weiß
Skimmie, *Skimmia*	D	Honig	weiß
Kletterpflanzen			
Glyzine, *Wisteria*	D/DD	Vanille	weiß, rosa, lila
Stauden			
Maiglöckchen, *Convallaria*	DD	blumig	weiß, rosa
Veilchen, *Viola*	DD	blumig	weiß, rosa, lila
Zwiebel- und Knollenpflanzen			
Hasenglöckchen »Bluebells«, *Hyacinthoides non-scripta*	D	blumig	weiß, blau
Hyazinthen, *Hyacinthus*	DD	schwer	weiß, rosa, rot, lila, gelb
Kräuter			
Waldmeister, *Galium*	D	aromatisch	weiß

Weitere Frühlingsblüher siehe Tabelle Seite 88 ff.
* D – Duft deutlich wahrnehmbar; DD – Duft intensiv

Sommer, Sonne, Duft …

Sommeranfang! – und die ersten Rosen blühen. Ein Duftgarten ohne den unvergleichlichen Duft der Alten Rosen? Schwer vorstellbar!

Kein Duftgarten ohne Rosen

Die Rose, Symbol von Liebe, Schönheit, Glück, Weiblichkeit, Verschwiegenheit und Vollkommenheit, hatte im Lauf der Zeit, das heißt bei vielen modernen Züchtungen, viel von dieser Vollkommenheit eingebüßt –

nämlich ihren wunderbaren Duft, einen der schönsten und angenehmsten Düfte, romantisch und zauberhaft. Nicht umsonst wurde die Rose in Märchen, Gedichten und Liedern geehrt. Zum Glück hat man sich heute wieder auf ihren erlesenen Duft besonnen, und er nimmt wieder den Stellenwert ein, der die Rose zur »Königin der Blumen« machte.

Bis auf wenige Ausnahmen duften gefüllte Blüten intensiver als einfache, da die Duftstoffe in den Blütenblättern gespeichert sind.

Neben dem klassischen Rosenduft (z. B. von **'Königin von**

Dänemark'), der besonders bei den romantischen, einmal blühenden Rosen, den Alba-, Gallica- und Damascena-Rosen, den Zentifolien und Moosrosen, zu finden ist, gibt es eine Vielzahl anderer Duftnuancen. Einen Honigduft finden wir in den lila-rosa Blüten von **'Belle de Crécy'** und einen würzig-aromatischen in der Ramblerrose **'Paul's Himalayan Musk'.** Versuchen Sie einmal, diese Rose in einen alten Obstbaum wachsen zu lassen. Sie werden von dem Anblick überwältigt sein. Ist die Obstbaumblüte vorbei, verwandelt sich der Baum in eine rosafarbene, duftende Wolke.

'Constance Spry' – mit ihr begann die Geschichte der Englischen Rosen.

'Paul's Himalayan Musk' schenkt einem Obstbaum die zweite Blüte.

Allein die **Englischen Rosen,** die den nostalgischen Charme der Alten Rosen mit den Vorzügen der neueren Züchtungen – sie blühen mehrmals, und bieten ein größeres Farbspektrum – in sich vereinen, weisen eine Vielfalt an Düften auf. Neben frischen und blumigen Düften gibt es den Myrrheduft, z. B. bei **'Glamis Castle',** vor allen Dingen aber fruchtige Düfte. Hier könnte man sich einen ganzen »Obstgarten« anlegen. Von Apfel und weißen Trauben über

Alle öfterblühenden Rosen blühen und duften nur öfter, wenn die verwelkten Blüten abgeschnitten werden.

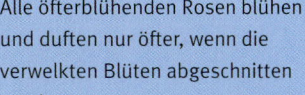

'Apricot Parfait' mit ihrem vollfruchtigen Duft, an frische Aprikosen erinnernd.

Aprikosen wie bei **'Apricot Parfait'** bis zu Walderdbeeren und Exoten (wie Zitronen, Orangen und selbst Guaven) ist alles vertreten.

Einen zitronigen Duft kann man auch bei der alten Damascena-Rose **'Ispahan'** wahrnehmen, und ein deutlicher Himbeerduft entströmt den rosaroten Blüten der Bourbon-Rose **'Mme Isaac Pereire'** aus dem späten 19. Jahrhundert.

Wie wäre es einmal mit einem Renaissance-Garten, ganz den Englischen Rosen gewidmet, eine Alte Rose als Mittelpunkt oder eine Figur?

Es muss aber nicht ein ganzer Rosengarten sein, eine romantisch duftende Rose, an einem Platz, an dem sie ihre natürliche Wuchsform entfalten kann, ist schon etwas Schönes.

Fruchtige Sommerdüfte

Fruchtige Düfte kommen jedoch nicht nur bei den Rosen vor, auch mit dem **Geißblatt 'Halliana'** (siehe *Lonicera japonica*) lässt sich dieser Duft in den Garten und sogar ins Haus holen. In der Nähe eines Fensters gepflanzt, mit einer Möglichkeit zum Klettern, erspart der Duft seiner reinweißen Blüten jedes Raumspray. Ein anderes Geißblatt *(Lonicera periclymenum)* blüht etwas später und duftet nach Honig. **Falscher Jasmin** bringt den fruchtigen Duft reifer Orangen in den Garten. Und selbst **Lilien,** wie die Königslilie *(Lilium regale),* können fruchtig duften. Die Madonnenlilie *(Lilium candidum)* dagegen umgibt sich mit Honig.

Düfte für Honigbienen

Honigdüfte kommen im Sommer oft vor, und es ist nicht schwer, mit ihnen den Garten zu füllen. Aber nie sind sie so intensiv wie im Winter (siehe Seite 24). Das ist auch nicht nötig, denn wir können ja aus dem Vollen schöpfen.

Phacelia (P. campanulatus), ein kleines, einjähriges Pflänzchen in einem bei Duftpflanzen seltenen leuchtenden Blau, eröffnet schon im späten Frühjahr den Reigen.

Als Beeteinfassung macht sich der niedrigwachsende **Duftsteinrich** *(Lobularia)* mit seinen winzigen weißen Blütchen gut. Bei den **Taglilien** *(Hemerocallis)* bleibt kein Farbwunsch offen und der Honigduft des **Schmetterlingsstrauchs** begleitet uns bis in den Herbst hinein.

Vanille und andere »Süßigkeiten«

Duftwicken und **Vanillestrauch** *(Heliotropium)* bringen einen Vanilleduft in die sommerliche Rabatte, wobei sich die kletternden Wicken nur für den Hintergrund oder entlang eines Zauns eignen, wo sie sich nach Herzenslust ausbreiten können.

Der schwere, exotische Duft der kleinen, weißen Blüten des **Jasmins** lässt an eine warme Sommernacht in südlichen Gefilden denken.

Der süße, aromatische Duft des **Goldlacks** *(Erysimum cheiri)*

Süß und aromatisch: duftender Goldlack, eingerahmt von Vergissmeinnicht.

wirkt dagegen bodenständig
und passt am besten zu einem
Bauerngarten. Längst nicht
jeder Goldlack duftet, wie man
es von ihm erwartet und wie es
sich eigentlich auch gehört.
Am besten kauft man blühende
Pflanzen, dann weiß man,
woran man ist. Und am schönsten finde ich den richtig goldfarbenen Goldlack in der Gemeinschaft mit Vergissmeinnicht.
Das ist durchaus möglich, da
er schon im Frühling zu blühen
beginnt und bis in den Sommer
hinein immer neue Blüten
öffnet.

Abschied vom Sommer

Spätsommerliche Düfte haben
oft eine aromatische Note, die
schon den Herbst ahnen lässt.
Verschiedene Sorten von **Nel-**

ken mit ihrem süßwürzigen Duft
und **Phlox,** dessen Duft mich an
Gewürznelken erinnert, ergänzen
sich besonders gut, sowohl in
der Farbe als auch im Duft – eine
wunderschöne Harmonie in einer
Zeit, in der die Sonne schon tiefer steht. Die **Levkoje** *(Matthiola)*
mit ihrem nostalgischen Duft
bringt diese Harmonie noch zur
Vollendung und lässt schon ein
bisschen Wehmut mitschwingen.
Eine Art duftet vor allem am
Abend *(Matthiola longipetala
ssp. bicornis),* genau wie die
hohe lila oder weißblühende

*»Und süßer strömend quillt
der Duft der Nacht
und träumerischer
aus dem Kelch der Pflanzen«*
Theodor Storm

Nachtviole *(Hesperis),* eine
Eigenschaft, die nicht zu unterschätzen ist. Jahrelang konnte
ich mich wegen meiner Berufs-
tätigkeit nur in den Abendstunden an den zauberhaften Düften
des Gartens erfreuen.

Die Blüten der weißen Nachtviole leuchten besonders stark in
der Dämmerung, wenn andere Farben verblassen.

Duftpflanzen im Sommer			
Deutscher Name, Botanischer Name	**Duft-intensität***	**Duft-gruppe**	**Farbgruppe**
Sträucher			
Falscher Jasmin, *Philadelphus*	DD	fruchtig	weiß
Rosen, *Rosa*	DD	verschiedene	weiß, rosa, rot, lila, gelb
Schmetterlingsstrauch, *Buddleja*	D	Honig	weiß, rosa, lila
Kletterpflanzen			
Geißblatt, *Lonicera*	DD	blumig/ fruchtig	weiß
Jasmin, *Jasminum*	DD	schwer	weiß
Stauden			
Nachtviole, *Hesperis*	DD	aromatisch	weiß, lila
Nelken, *Dianthus*	DD	aromatisch	weiß, rosa, rot
Phlox, *Phlox*	D	aromatisch	weiß, rosa, rot, lila
Taglilien, *Hemerocallis*	DD	Honig	weiß, rosa, rot, gelb
Ein- und Zweijährige			
Duftsteinrich, *Lobularia (Alyssum)*	DDD	aromatisch	weiß, rosa, rot, lila
Duftwicken, *Lathyrus*	DD	Vanille	weiß, rosa, rot, lila
Goldlack, *Erysimum (Cheiranthus)*	DD	aromatisch	weiß, rot, gelb
Levkoje, *Matthiola*	DDD	aromatisch	weiß, rosa, rot, lila, gelb
Nelken, *Dianthus*	DD	aromatisch	weiß, rosa, rot
Phacelia, *Phacelia*	D	Honig+ aromatisch	blau
Vanillestrauch, Heliotrop, *Heliotropium*	D	Vanille	lila

Weitere Sommerblüher siehe Tabelle Seite 88 ff.
* D – Duft deutlich wahrnehmbar; DD – Duft intensiv;
   DDD – Duft außergewöhnlich intensiv

Herbstliche Wohlgerüche

Heitere Nachmittage im reifen-den Garten – die Sonnenstun-den werden weniger, die Stim-mung ist eine andere, schon ein bisschen wehmütig, und auch die Düfte ändern sich. Sie sind voller, abgerundeter, oft berau-schend und schwer wie bei der Tuberose und der Sterngladiole (siehe Seite 50 und 49), meist würzig und etwas herb – die jugendliche Frische des Früh-lings fehlt ihnen und die Leich-tigkeit des Sommers.

Honig, Schokolade, Vanille

Ab und zu verirren sich ein Honig-duft (wie bei der wunderschönen Rispenhortensie *Hydrangea pani-culata)* und ein Vanilleduft (wie *Clematis × triternata* 'Rubra Margi-nata') in den herbstlichen Duft-garten. Ja, auch Hortensien und Clematis können uns mit Düften verwöhnen. Wie wäre es mit dem Duft von heißer Schokolade vom Frühling bis zum Sommer, der nahtlos in einen weichen Vanille-duft übergeht bis zum Septem-ber – beides geschenkt von zwei Clematis-Arten.

Blumige Duftnoten

Die blumige Duftnote ist auch im Herbst häufiger vertreten, bereitwillig von den öfter-blühenden Rosen zur Verfügung gestellt. Teehybriden (wie **'Duft-rausch'** und **'Duftwolke'**), alle Englischen Rosen und auch die *Moschata*-Hybride **'Buff Beauty'** in ihrem Apricot-Ton leuchten und duften selbst an einem trüben Herbsttag. Sie bringen Farbe und Duft zugleich in den Garten.
Aber auch die **Funkie** blüht und duftet noch, wenn sich viele Pflanzen schon verabschiedet haben. Diese winterharte Staude wird hauptsächlich wegen ihres dekorativen Laubes in den Garten geholt – warum eigentlich? Wo es doch Sorten mit herrlichem Duft gibt. Funkien eignen sich gut als

Clematis × triternata mit wunderbarem Vanilleduft vom Sommer bis zum Herbst.

Bodendecker, da sie große Horste bilden. Sie lieben feuchten, durchlässigen Boden und werden meist für schattige Plätze empfohlen. Viele Sorten fühlen sich jedoch auch in der Sonne wohl – und die duftenden bevorzugen sie sogar, ohne Sonne könnten sie ihren blumigen Duft nicht richtig entfalten. Das Einzige, was die Freude an Funkien von Zeit zu Zeit schmälert, ist, dass ihre schönen Blätter eine Delikatesse für Schnecken zu sein scheinen.

Würzige Kräuter- und Rosendüfte

Würzig-aromatische Düfte werden von den Kräutern – wie Katzenminze und Oregano – und natürlich dem Lavendel in den herbstlichen Garten gebracht. Es ist wichtig, ihnen ein sonniges Fleckchen zu reservieren, damit sie die letzten Sonnenstrahlen noch genießen können. Umso wärmer wird ihr Duft. **Lavendel** mit seinem nostalgischen Duft, aber auch das würzige **Bohnenkraut,** zwischen die letzten Rosen des Jahres gepflanzt ist, ein besonders tiefes Dufterlebnis.
Die Englische Rose **'Glamis Castle'** mit ihrem romantischen Myrrheduft und reinweißen

Blüten würde gut zur Duftharmonie passen. Sie hat etwas Geheimnisvolles in sich, schon durch ihren Namen. Glamis Castle ist ein altes Schloss in Schottland, das Shakespeare als passenden Schauplatz für Macbeth wählte – schaurig und schön.
Aber auch **'Blanc Double de Coubert'**, mein Liebling unter

»Rose,
seit Jahrhunderten ruft uns dein Duft
seine süßesten Namen herüber;
Plötzlich liegt er wie Ruhm in der Luft.
Dennoch, wir wissen ihn nicht zu
nennen, wir raten ...
Und Erinnerung geht zu ihm über.«
Rainer Maria Rilke

Kräuter bringen auch im Herbst noch die herrlichsten Düfte in den Garten.

Duftpflanzen im Herbst			
Deutscher Name, Botanischer Name	**Duft- intensität***	**Duft- gruppe**	**Farbgruppe**
Sträucher			
Rosen, *Rosa*	DD	verschiedene	weiß, rosa, rot, lila, gelb
Stauden			
Funkie, *Hosta*	D	blumig	weiß
Kräuter			
Lavendel, *Lavandula*	DD	aromatisch	weiß, rosa, lila
Bohnenkraut, *Satureja*	DD	aromatisch	weiß, lila

Weitere Herbstblüher siehe Tabelle Seite 88 ff.

* D – Duft deutlich wahrnehmbar; DD – Duft intensiv

den Rosen, ist in dem herbstlichen Duftbeet nicht zu verachten. Nicht schaurig, oh nein, nur schön. Sie schmückt sich im Herbst noch mit einer ansehnlichen Nachblüte. Aus großen, reinweißen Blüten – schlicht und edel – bringt sie für mich den schönsten aller Rosendüfte hervor: intensiv, aber nicht aufdringlich, nicht zu süß und nicht zu herb, auch nicht nach etwas anderem (etwa nach Aprikosen), fein, dezent und nostalgisch – ein Duft zum Träumen. Bis in den Herbst hinein.

Die letzten blühenden Rosen des Jahres schneide ich nie ab. An milden Tagen duften sie noch verführerisch, bei Frost dagegen sehen sie wie verzuckert aus.

Duftende Winterfreuden

Düfte im Winter? Man sollte meinen, das geht nicht. Und noch dazu im Garten? Im Haus, ja, mit Duftkerzen und Potpourris, die den Sommerduft eingefangen haben, auch mit leckeren weihnachtlichen Gerüchen aus der Küche – aber im Garten? Zugegeben, man kann es sich im Winter nicht leisten, allzu wählerisch zu sein. Dafür sind die winterlichen Düfte besonders intensiv und warm. Sie werden von uns auch wesentlich tiefer empfunden, weil sie eben nicht selbstverständlich sind, sondern unerwartet, und als etwas Besonderes, Wunderbares werden sie von uns willkommen geheißen.

Wohlgeruch in warmen Ecken

Bei milden Temperaturen und feuchter Luft können sich die Düfte des Winters zu einer Vollkommenheit entfalten, die erstaunlich ist. Ein eisiger Nordostwind dagegen wird von ihnen nicht viel übrig lassen. Deshalb ist eine geschickte Gartenplanung wichtiger als in den anderen Jahreszeiten. In einer geschützten Ecke, an einer Hauswand, die nach Möglichkeit nach Süden oder Westen zeigt, am Hauseingang oder in der Nähe eines Fensters sind die winterblühenden Kostbarkeiten am besten untergebracht. Das hat noch einen anderen Grund: Was nützen sie in der entferntesten Ecke des Gartens, wenn man nur vor Kälte zitternd dorthin gelangt? Am Fenster dagegen kommt man schon eher in ihren Genuss.

Warmer Honigduft in kalter Zeit

Ein verschwenderischer Honigduft entströmt den winzigen, völlig unscheinbaren Blüten der **Fleischbeere** *(Sarcococca)*. Es ist unglaublich, dass so ein kleiner Strauch so duften kann,

Sarcococca humilis mit winzigen Blüten von umwerfendem Honigduft.

und das ab Dezember. Man nimmt zuerst seinen Duft wahr und denkt, wo kommt denn bloß diese Wolke von Wohlgeruch her, wenn man fröstelnd durch den Garten geht. Ich bin jeden Winter aufs Neue überrascht, da ich das kleine Etwas das restliche Jahr über vergesse – und auch völlig vernachlässige. Immergrün, pflegeleicht, sowohl für Schatten als auch für Sonne geeignet und sehr einfach aus Samen zu vermehren. Ein Dufterlebnis selbst für den allerkleinsten Garten, und das mitten im Winter. Ein kleines Pflänzchen reicht aus, einen Vorgarten in seinen Honigduft zu hüllen. Entlang eines Weges, am Eingang,

selbst wie bei mir vor einem Kellerfenster, wird sie nur Freude bereiten.

Doch dann ist in geschützten Lagen schon ab Februar die **Mahonie** zur Stelle und übernimmt den köstlichen Honigduft. Kurze, dichte Trauben leuchtend gelber Blüten bringen diesen Duft in den Garten und sind sicherlich vielen bekannt. Schönes glänzendes, immergrünes Laub – das leider allzu häufig von Mehltau befallen wird – und die attraktiven, blauschwarzen Früchte machen die winterliche Duftpflanze das ganze Jahr über interessant. Große Mahonien eignen sich als Solitär, niedrigere sind gute Bodendecker. Ein schattiger oder halbschattiger Standort ist ihnen am liebsten. Ich finde sie am schönsten in einer naturnahen Pflanzung, beispielsweise an einem Gehölzrand.

Süß und aromatisch

Auch die **Zaubernuss** *(Hamamelis)* kann mit ihrem süßen Vanilleduft eine Alternative für den Winter-Duftgarten sein. Bei gelbblühenden Sorten findet man am ehesten einen angenehmen Duft, sie leuchten intensiv an grauen Wintertagen.

Ein kleines Pflänzchen ist unermüdlich mit seinem aromatischen, etwas scharfen Duft vom Sommer bis in den Dezember hinein zur Stelle, das **Mutterkraut.** Der Duft kommt von den Blättern, die weißen, gänseblümchenähnlichen Blüten sind eine hübsche Zugabe.

Auch aromatisch duftet der **Seidelbast** mit einer gewissen Süße. Man kann zwischen immergrünen *(Daphne odora)* und laubabwerfenden *(Daphne mezereum)* Arten wählen, zwischen weißen, zartlila und rötlichen Blüten, es gibt welche, die nur 10 cm hoch werden, und andere, die 1 m erreichen. Alle haben es nicht gerne, wenn sie verpflanzt werden. Deshalb sollte man ihnen gleich den endgültigen Standort geben; ein sonniger ist ihnen am liebsten.

Der Duft des **Winterblühenden Schneeballs** *(Viburnum × bodnantense)* erinnert ein bisschen an Marzipan, süß und nussig, aber auch sein Aussehen erinnert an Zuckerbäckerei. Die tiefrosa Knospen erscheinen vom Herbst bis zum Frühling, und die bonbonrosa Blüten sehen aus wie kandiert, wenn sie mit Raureif überzogen sind.

Viburnum × bodnantense 'Dawn' mit seinem Marzipanduft
trotzt selbst Eis und Schnee.

Ich habe diese »Winterschön-
heit« am Schlafzimmerfenster
stehen an einem hohen Kletter-
gerüst. Mit den Jahren wird
sie etwas staksig und verträgt
nach der Blüte einen kräftigen
Rückschnitt.

Ihre »Hochzeit« ist eindeutig
der Winter, obwohl ihr gesun-
des, mattgrünes Laub das ganze
Jahr über eine Zierde ist. In unseren Breiten ist diese Kletterpflanze wintergrün, d. h., sie ist
oft bis in den Januar hinein be-
laubt. Erst bei Temperaturen um
– 10 °C wirft sie ihre Blätter ab.
Ist ihre Blüte vorbei, übernehmen bei mir erst eine **Clematis**
(Clematis armandii) und danach, vom Frühsommer bis zum
Herbst, Kletterrosen den Duft-
reigen.

Lonicera × purpusii: ein Veilchenduft
mitten im Winter.

Ob ein Garten reizvoll ist
oder langweilig, hängt nicht
von seiner Größe ab – sondern
von der Liebe und Persönlichkeit,
die man hineinsteckt. So lässt
sich aus dem kleinsten Garten
ein großer Duftgarten
zaubern.

Hoch hinaus mit blumigem Duft

Den blumigsten Winterduft
holen wir uns mit einem **Geißblatt** (Lonicera × purpusii) in
den Garten. Man sollte unbedingt auf die Sorte 'Winter
Beauty' achten. Bei ihr ist der
Veilchenduft besonders intensiv
und die Blüte besonders schön.

Duftpflanzen im Winter			
Deutscher Name, Botanischer Name	**Duft-intensität***	**Duft-gruppe**	**Farbgruppe**
Sträucher			
Fleischbeere, *Sarcococca*	DDD	Honig	weiß
Mahonie, *Mahonia*	DD	Honig	gelb
Seidelbast, *Daphne*	DD	aromatisch	weiß, rot, lila
Winterblühender Schneeball, *Viburnum × bodnantense*	DD	aromatisch	rosa
Zaubernuss, *Hamamelis*	D	Vanille	gelb
Kletterpflanzen			
Geißblatt, *Lonicera × purpusii*	DD	blumig	weiß
Kräuter			
Mutterkraut, *Tanacetum*	DD	aromatisch	weiß

Weitere Winterblüher siehe Tabelle Seite 88 ff.
* D – Duft deutlich wahrnehmbar; DD – Duft intensiv;
DDD – Duft außergewöhnlich intensiv

»Nun weiß ich, was des Gartens Seligkeit mir wies, was Berg und Meer, Tempel und Haus nicht konnten: Erinnerung an das verlorene Paradies.«

Josef Mühlberger

Der liebliche Veilchenduft dieser unverständlicherweise so wenig bekannten Pflanze ist für mich das erste Frühlingsahnen. Der Übergang in ein neues Jahr der Düfte. Die schweren, aber auch warmen Noten werden abgelöst durch frische und beschwingte.

Farb- und Duftharmonie

Ein Duftjahr geht nie zu Ende, es hat zu jeder Jahreszeit seine Reize. Bei geschickter Planung ist es möglich, von Januar bis Dezember interessante Düfte im Garten zu haben. Wobei die Wintermonate nicht einmal die schwierigsten sind. Bei mir hat es lange gedauert, bis sich das »Blüh- und somit auch Duftloch« im August geschlossen hat. Ganz zufrieden bin ich immer noch nicht. Aber ein Garten ist sowieso nie fertig, auch das musste ich erst langsam lernen.

Wer sich nicht auf ein bestimmtes Farbkonzept festgelegt hat – wie ich –, tut sich wesentlich leichter, das ganze Jahr über eine Vielfalt an Düften in den Garten zu bringen. Unser Auge braucht einen ruhenden Pol, deshalb ist eine Farbharmonie, besonders für den kleinen Garten, wichtig. Das Gleiche gilt aber auch für Düfte, die, aufeinander abgestimmt, sich ergänzen, hervorheben und vollenden können. Die Harmonie im Duftgarten ist genauso wichtig wie die Vielfalt. Nur dann können Düfte uns in eine andere, schönere Stimmung versetzen.

auf einen blick

- Mit duftenden Pflanzen den Garten zu füllen ist das ganze Jahr über möglich.
- Im Frühling sind Veilchen, Maiglöckchen, Glyzinen und Flieder mit ihren Düften zur Stelle.
- Im Sommer betören uns nicht nur die Rosen, sondern auch viele Stauden und Sommerblumen.
- Im Herbst kommen aromatische Kräuterdüfte zur Geltung.
- Selbst in der kalten Jahreszeit brauchen wir nicht ohne Duft zu sein. Die Blüten von *Sarcococca*, Seidelbast und Zaubernuss duften gerade an milden Wintertagen einfach himmlisch.

Duftpflanzen auf engem Raum

Nicht alle haben einen Garten oder eine Terrasse, aber eine Fensterbank besitzt wohl jeder. Lassen Sie sich vom Zauber der Düfte verführen – selbst mit Pflanzen in Töpfen.

Auch ich bin erst in fortgeschrittenem Alter zu meinem kleinen Stadtgarten gekommen. Aber ich hatte Fensterbänke und einen Balkon, auf dem im Laufe der Zeit gerade noch ein Stuhl Platz hatte, so voll gestellt war er mit Pflanzen in Töpfen. Da er ebenerdig war mit Ausblick auf Garageneinfahrten, was meinem Duftempfinden absolut nicht entgegenkam, vergrößerte sich meine Vorliebe für Duftpflanzen zusehends.
Auch heute noch habe ich viele meiner Schätze in Töpfen, bei hundert habe ich aufgehört zu zählen. Wäre mein Garten größer, könnten die meisten von ihnen ausgepflanzt werden. An der Winterhärte liegt es eigentlich nicht (obwohl ich auch viele Exoten habe, die bei Frost hereingeholt werden müssen). Es liegt an meiner Sammelleidenschaft, weshalb ich jedes Fleckchen Platz ausnutze, auch wo keine Erde ist – jede Trep-

penstufe, die Ränder von Wegen und Terrasse, jedes Kellerfenster, sogar unter Bäumen, und das geht nur mit Töpfen. Hinzu kommt, dass fast alle Pflanzen auch in Töpfen kultiviert werden können, bei entsprechender Größe der Gefäße. Vielleicht erreichen sie nicht dieselbe Wuchskraft, was ja zuweilen sogar ein Segen ist, z. B. bei der Glyzine.
Der bewegliche Garten dank Pflanzen in Töpfen hat große Vorteile, auch wenn er noch so klein ist. Die jeweiligen »Highlights« werden in den Vordergrund gestellt, z. B. an den Eingang oder auf eine Treppenstufe. Auf eine Treppenstufe? Bei mir stehen mehrere Pflanzen auf allen Treppenstufen, und davon gibt es bei uns eine ganze Menge.

Duftpflanzen für die Fensterbank

Sommerblumen in Blumenkästen auf der Fensterbank sind nichts Neues. Versuchen Sie es einmal mit Duftpflanzen über

Selbst eine Glyzine lässt sich in einem Topf ziehen.

das ganze Jahr. Das ist nicht unmöglich, besonders wenn nur eine Pflanze den »Ton« angibt. Von der winterblühenden *Sarcococca* mit ihrem Honigduft über den Frühling mit **Veilchen, Maiglöckchen** und **'Bluebells'** mit ihrem weichen, blumigen Duft sind wir schon beim Sommer angelangt. Der

◀ Zauberhaftes Idyll mit Töpfen, gekrönt von einer Glyzine mit besonders kurzen Blütentrauben. Ein beweglicher Duftgarten auf kleinstem Raum.

29

Duftsteinrich mit seinen winzigen Blüten, niedrige **Nelken,** der **Vanillestrauch** *(Heliotrop),* der seinem Namen alle Ehre macht, dürften die Auswahl in der warmen Jahreszeit nicht schwierig machen. Kräuter mit ihren herrlichen Blattdüften begleiten uns bis in den Herbst und sogar Winter hinein. Ich habe das ganze Jahr über vor den Kellerfenstern auf der Nordseite schmale Blumenkästen mit Salbei, Thymian und Pfefferminze stehen, die in jedem Frühjahr wie ein Stehaufmännchen wieder mit ihrem Duft zur Stelle sind.

Lavendel, hier als kleiner Hochstamm gezogen, bringt uns selbst im Balkonkasten den Duft der Provence näher.

Duftende Balkons

Lavendel mit seinem herrlich nostalgischen Duft ist der Inbegriff eines Sommertages in der Provence. Auf einem sonnigen **Balkon,** vielleicht sogar als Hochstamm gezogen, vermittelt er ein südliches Flair. Nicht nur durch seinen Duft, auch durch sein silbergraues Laub. Der Duft des Lavendels hat noch einen praktischen Nutzen: während er uns und die Bienen anzieht, vertreibt er Ameisen und Blattläuse.

Es gibt auch kleinwüchsigeren Lavendel, der niedriger blühen soll. Meine weißblühende Sorte 'Nana Alba' ist für ihre Bezeichnung nana (= klein) recht groß geworden. Die angegebene Wuchshöhe von 15 cm kann ich nur durch einen drastischen Rückschnitt im Frühjahr erreichen. Weiße Sorten sind etwas Besonderes, duften aber nicht so intensiv wie lilafarbene.

Kaum bekannt, und doch so entzückend, ist ein einjähriges Pflänzchen mit Namen **Nemesie.** Die Sorte 'Fragrant Cloud' macht ihrem Namen alle Ehre: eine zartrosa, süß duftende Wolke, die vom Mai bis zum ersten Frost am Himmel bleibt (bzw. auf dem Balkon).

Mein »Mini-Kräuterbeet« hat einen Durchmesser von nur 35 cm und besteht aus sechs tortenstückförmigen Tontöpfen.

Was tun bei Nordseiten?

Jedes Paradies hat seine Schlange. Bei mir ist es der Schatten in meinem Nordgarten. Dachte ich jedenfalls anfangs. Inzwischen habe ich mich mit der Schlange angefreundet und herausgefunden, wie viele Duftpflanzen es für schattige Bereiche gibt. Unser winziger Balkon hat nur in den Abendstunden etwas Sonne. Und das hat meinen Kampf mit der **Gardenie** endgültig beendet. Ich war mit keiner Pflanze je im Leben so verzweifelt wie mit ihr. Sie wollte und wollte nicht zufrieden stellend gedeihen, obwohl ich ihr den sonnigsten Platz reservierte. Schließlich wusste ich, wie sie aussehen und wie sie duften kann: glänzendes Laub, milchweiße Blüten und ein Duft, den Aprikosen ähnlich. Nur bei mir tat sie es nicht, bis ich entdeckte, dass sich diese Diva im Halbschatten viel wohler fühlte.

Auf einem sonnigen Balkon oder einer Terrasse darf eigentlich ein **Citrus-Bäumchen** nicht fehlen. Da es aber im Winter hereingeholt werden muss, habe ich Citruspflanzen unter dem Thema »Wintergarten« beschrieben.

Gestaltungsidee: duftender Balkonkasten

Ein einziger Blumenkasten auf der Fensterbank kann vom Frühling bis in den Winter hinein ein duftendes Erlebnis sein.
Als immergrünen Mittelpunkt schlage ich *Sarcococca* vor mit ihrem Honigduft im Winter. Sie bleibt das ganze Jahr über im Blumenkasten und lässt sich gut in Form schneiden. Auch die Veilchen können Dauerbewohner sein, wenn sie von Zeit zu Zeit geteilt werden. Das **Mutterkraut** mit seinem würzigen Duft und seinen kleinen, weißen, gänseblümchenähnlichen

Blüten blüht vom Sommer bis in den Winter hinein und sät sich auch meist im Blumenkasten selbst aus, ist also auch immer vorhanden.

Für die **Winter-** und **Frühjahrs-** bepflanzung gesellen sich »Englische Bluebells« in Blau oder Weiß hinzu. Nach der Blüte sollten ihre Zwiebeln herausgenommen werden. Man kann sie in einem Blumentopf mit Erde so lange im Keller »übersommern«, bis sie im Herbst wieder an ihren Platz kommen.
Maiglöckchen ergänzen die blumigen Düfte. Bei vorgetriebenen Pflanzen (siehe Kapitel 4) kommt man früher in den Genuss des herrlichen Duftes.

Das **Mutterkraut** mit seinem würzigen Duft ist dankbar und hübsch zugleich.

Duftender Balkonkasten
Der Blumenkasten vor dem Fenster schenkt uns seine Winter- und Frühjahrsdüfte durch:
① *Sarcococca*
② Maiglöckchen
③ »Bluebells« (Hasenglöckchen)
④ Duftveilchen
⑤ Mutterkraut
Eine Komposition in Grün, Weiß und Violett oder Blau.

Duftender Balkonkasten
Im Sommer duftet und blüht es durch:
④ Duftveilchen
⑤ Mutterkraut
⑥ Vanillestrauch
⑦ Nemesie

⑧ Duftsteinrich
⑨ Bohnenkraut
⑩ Thymian
Rosa bringt »Duftigkeit« in das violett-weiße Arrangement. *Sarcococca* (①) blüht jetzt nicht, gibt aber Struktur.

Im **Sommer** werden die Lücken mit dem violettblühenden Vanillestrauch, der blumig duftenden Nemesie mit ihren kleinen, zartrosa Blüten und dem Honigduft aus den winzigen weißen Blüten des Duftsteinrichs gefüllt. Thymian und Boh-

nenkraut bringen eine aromatische Duftrichtung in das Arrangement. Man sollte sie an den Rand setzen, damit sie mehr über den Topfrand als in den Topf wachsen.

Im **Spätsommer** und **Herbst** ändert sich das Bild nicht grundlegend. Die Farben werden sanfter, die Düfte liefern uns hauptsächlich die Blätter. Inzwischen hat sich das Mutterkraut so entwickelt, dass der Duftsteinrich entfernt werden kann. Duftpelargonien mit Düften nach Orangen, Minze oder Rosen ersetzen den Vanillestrauch. Die einjährige Nemesie blüht auch noch im Spätherbst.

Duftender Balkonkasten
Im Spätsommer und Herbst kommen vor allem die Blattdüfte zur Geltung.
⑤ Mutterkraut
⑦ Nemesie
⑨ Bohnenkraut
⑩ Thymian
⑪ Duftpelargonie

Weiß, Rosa und Violett oder auch nur Weiß und Rosa in sanfteren Tönen. *Sarcococca* (①) blüht jetzt nicht, gibt aber Struktur. Die Duftveilchen (④) sollten jetzt geteilt werden.

Duft an Terrasse und Sitzplatz

Eine **Terrasse** bietet noch mehr Möglichkeiten als ein Balkon. Meist ist sie größer, ebenerdig und geht in den Garten über. Eine duftende **Clematis** (siehe Seite 47 f.), in einem großen Topf als frei stehende Säule gezogen oder über eine Pergola als duftendes Dach, ist ein Genuss für die Sinne.

Auch ein **Geißblatt** ist für diesen Zweck zu empfehlen und selbst eine **Glyzine.** All diese großen Kletterpflanzen erreichen, in Töpfen kultiviert, nicht die angegebene Höhe, und das ist sehr zu begrüßen. Auch die **Duftblüte** *(Osmanthus),* **Lilien, Rosen** und auch die **Funkie** fühlen sich in Töpfen wohl. Achten Sie bei Duftpflanzen in Töpfen auf eine harmonische Duft- und Farbgestaltung!

Gestaltungsidee: duftender Sitzplatz

Vielleicht besteht die Möglichkeit, sich einen kleinen, duftenden Sitzplatz einzurichten. Eine Bank beispielsweise an der Hauswand, umgeben von einem Spalier, das eventuell mit Querbalken zu einer Pergola wird. Das Plätzchen sollte warm und windgeschützt sein und auch ruhig – nur so können sich die Düfte richtig entfalten und wir in ihnen entspannen.

Die Rose 'Paul's Himalayan Musk' mit ihren zartrosa, nach Moschus duftenden Blüten, gibt im Sommer den Ton an der Pergola an. Doch auch an warmen Tagen im Mai braucht man nicht auf den Duft aus der Höhe zu verzichten. Die weißblühende *Clematis montana wilsonii* blüht schon ab Mai und duftet nach Schokolade. Das Geißblatt *Lonicera periclymenum* 'Graham Thomas' duftet im Sommer nach Honig und schmückt sich im Frühherbst mit leuchtenden Früchten wie Johannisbeeren. Zu unseren Füßen duften Lavendel und *Hosta* 'Royal Standard' mit weißen Blüten bis in den Herbst hinein. Während *Osmanthus × burkwoodii* schon im Frühling blüht und duftet, genau wie *Choisya ternata,* die Oran-

Ein nostalgischer Sitzplatz, umrahmt von duftenden Pflanzen. Hier lässt es sich träumen und arbeiten.

In einem flachen Tontopf sehen Majoran und Mutterkraut sehr hübsch aus, Harmonie im Duft und Kontrast im Laub zugleich. Der mittlere Topf wird mit Salbei und Thymian bepflanzt. Auch hier ist das Laub sehr unterschiedlich: weich und samtig beim Salbei (in den Farben Weiß, Rosa und Grün bei der Sorte 'Tricolor'), klein und zierlich dagegen beim Thymian. Und wählt man *Thymus × citriodorus,* hat man einen herrlichen Zitronenduft.

Duftender Sitzplatz

① Rose 'Paul´s Himalayan Musk'
② *Clematis montana* var. *wilsonii*
③ *Lonicera periclymenum* 'Graham Thomas'
④ *Hosta* 'Royal Standard'
⑤ *Osmanthus × burkwoodii*
⑥ *Choisya ternata*
⑦ Lavendel

Ein alter Holzstuhl, dekorativ von Kräutern »besetzt«.

genblume, die alle Vorzüge in sich vereint: nicht nur blüht sie im Herbst ein zweites Mal, auch ihr Laub duftet, und zwar das ganze Jahr.
Ein lauschiges Plätzchen in zarten Farben mit den verschiedensten, harmonisch aufeinander abgestimmten Düften.

gen, ist jedoch kein Beet erforderlich. Ein hübscher kleiner Blumentopf am Küchenfenster, bepflanzt mit Salbei, Thymian und Oregano, sieht ganz allerliebst aus. Hat man allerdings ein sonniges Eckchen im Garten, kann man sich etwas mehr ausbreiten.

Duftende Kräuter

Von der Terrasse aus kann es direkt in ein Kräuterbeet übergehen mit seinen aromatischwürzigen, zuweilen auch frischen und fruchtigen Düften. Um in Kräuterdüften zu schwel-

Gestaltungsidee: kleines Arrangement mit Töpfen

Ein Arrangement in verschieden großen Töpfen, bepflanzt mit Kräutern, ist nicht nur eine Wohltat für die Seele und den Gaumen, sondern auch sehr dekorativ.

Duftende Kräutertöpfe
Selbst ein Topf würde ausreichen, um sich mit Kräuterdüften zu umgeben – drei sind allerdings eindrucksvoller:
① Mutterkraut
② Majoran
③ Thymian
④ Salbei
⑤ Pfefferminze in verschiedenen Sorten

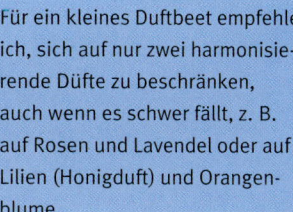

Für ein kleines Duftbeet empfehle ich, sich auf nur zwei harmonisierende Düfte zu beschränken, auch wenn es schwer fällt, z. B. auf Rosen und Lavendel oder auf Lilien (Honigduft) und Orangenblume.

aufgehängt, sind sie auch eine hübsche Dekoration.
Rosmarin ist eine alte Duft- und Gewürzpflanze. Thomas More, ein englischer Humanist, hat im 16. Jahrhundert etwas sehr Schönes über den Rosmarin

Die **Pfefferminze** mit ihren frisch duftenden Blättern sollte nicht fehlen. Neben der bekannten »normalen« Pfefferminze gibt es inzwischen eine Vielfalt an Arten und Sorten, die in Spezialgärtnereien erhältlich sind (siehe »Bezugsquellen«). Allein die Kataloge sind ein Genuss, und es lohnt sich, sie sich schicken zu lassen. Es werden sogar Duftkräuter-Pakete angeboten. Einfacher geht es wirklich nicht. Von ganz niedrigen Minzen mit höchstens 2 cm bis zu einer Höhe von 1 m ist alles zu haben. Ganz zu schweigen von der Blattduft-Palette, die von dem typischen Duft

über Ananas, Apfel, Orange, Zitrone bis hin zum Ingwer reicht. Selbst Freunde panaschierten (bunt gefleckten) Laubs kommen auf ihre Kosten.
Rosmarin mit seinem typischen Duft bringt uns den Urlaub und den Süden näher. Die kleinen Blüten in verschiedenen Blautönen erinnern an Miniorchideen. Der Duft der Blätter kann sich nur bei sonnigem, heißem und trockenem Wetter zu seiner vollen, würzigen Wärme entfalten. Möchte man sie trocknen, sollte man die nicht verholzten Triebspitzen von Juni bis September nehmen. Mit einer passenden Kordel zusammengebunden und

Rosmarin fällt anmutig über eine Gartenmauer.

Die an sich lockere Gestaltung mit Stauden und einer duftenden Rose als Mittelpunkt erhält durch die Buchseinfassungen eine gewisse Strenge.

Mein »Kräuterbeet« besteht aus Töpfen, denen ich nur einen Schattenplatz anbieten kann. Die Düfte werden nicht zu ihrer Höchstleistung gebracht, aber sie sind da: aromatisch, frisch und fruchtig. Ist nur ein ganz kleines Eckchen vorhanden, muss ja nicht der vollständige Plan in die Tat umgesetzt werden. Auch wenige Kräuter können uns in einen kleinen Duftrausch versetzen.

geschrieben: »Ich lasse ihn nicht über meine Gartenmauern fallen, weil die Bienen ihn lieben, sondern weil es das Kraut ist, das Erinnerung, Liebe und Freundschaft symbolisiert.« Eine duftende **Rose als Mittelpunkt** und Blickfang **im Kräuterbeet** sieht nicht nur wirkungsvoll aus, sie hat auch ihre Berechtigung. Was kann man nicht alles aus ihren Blütenblättern machen: von Bowle über Gelee bis zum Badezusatz. Auch ein Potpourri bewahrt uns den Duft der Rosen für längere Zeit, als es der Natur möglich ist. Eine Alte Rose, wie 'Ispahan', mit

Rosen und Lavendel in vollkommener Harmonie – sowohl im Duft als auch in der Farbkombination.

Ein **Duft-Kräuterbeet** kann auch ein optischer Genuss sein:
① Buchskugeln
② weiße Lilien
③ zartrosa Katzenminze
④ Rosmarin
⑤ Lavendel weiß
⑥ Lavendel rosa
⑦ Oregano rosa
⑧ Bohnenkraut
⑨ Süßdolde
⑩ Thymian weiß
⑪ Salbei
⑫ Mutterkraut
Die gegenüberliegenden Beete sind jeweils gleich gestaltet.

ihrem köstlichen Duft und ihrem warmen Rosaton wäre sehr zu empfehlen.

Gestaltungsidee: formales Duft-Kräuterbeet

Die Hauptrolle – besonders in einem formal gestalteten Kräuterbeet – könnten auch Lilien übernehmen. Ein dicker Tuff der weißen, intensiv duftenden Madonnenlilie, oder der Königslilie mit dem intensiven Rosaton auf der Rückseite der Blüten-

blätter, ergibt eine strenge, fast klösterliche Wirkung. Auch Lilien gehören durchaus in ein Kräuterbeet. Zwar wird sich wohl kaum jemand aus ihren essbaren Zwiebeln ein Gemüse zubereiten, aber auch die Blütenblätter sollen lecker schmecken.
Die duftende Mitte – entweder Rose oder Lilien – wird eingefasst mit Buchs und einer zartrosa blühenden Katzenminze. Zwei unterschiedlich gestaltete Beete wiederholen sich auf

der gegenüberliegenden Seite. Rosmarin mit zartblauen Blüten und würzigem Duft, rosa und weiß blühender Lavendel, weiß blühendes Bohnenkraut und Oregano mit rosa Blüten verbreiten sowohl im Aussehen als auch im Duft ein mediterranes Flair.
Das andere Beet wirkt weniger südlich. *Myrrhis odorata,* die Süßdolde, wird am größten. Ihrem Anisduft ist die Ecke vorbehalten. Weiß blühender Thymian und das grün-weiß-rosa panaschierte Laub der interessanten Salbei-Sorte 'Tricolor' sind eine harmonische Duftergänzung. Das alles kann sich auf kleinstem Raum abspielen, nur sonnig sollte er nach Möglichkeit sein. In der Hitze des Mittags kann sich der Duft der Kräuter erst richtig entfalten.

Eine Ton-in-Ton-Komposition mit aromatisch duftendem Phlox und dem unvergleichlichen Duft der Lilien.

Duftpflanzen für Terrasse und Wintergarten

Für den glücklichen Besitzer eines Wintergartens eröffnet sich eine zusätzliche Möglichkeit: Pflanzen, die herrlich duften, die aber unsere kalten Winter im Freien nicht überstehen. Je nach Geschmack, Duft- oder Farbvorlieben kommen hierfür viele Arten in Frage. Von Anfang an sollte geklärt sein, ob der Wintergarten in erster Linie ein warmer Wohnraum oder eine kühle Überwinterung für frostempfindliche Pflanzen sein soll. Je nach den Klimabedingungen richtet sich auch die Auswahl der Pflanzen.

Engelstrompeten und **Passionsblumen,** Citruspflanzen und Duftpelargonien sind nur einige Beispiele von Pflanzen, die den Wintergarten in zum Teil tropische Düfte tauchen.

Generell bin ich der Meinung, dass alle Pflanzen sich während der warmen Jahreszeit im Freien wohler fühlen. Eine umfunktionierte Garage, ein heller Kellerraum oder ein kühles Treppenhaus dienen als Schutz für Exoten vor den Unbilden des Winters. So kann man die Düfte all dieser Exoten auch ohne Wintergarten genießen.

Das südlichste Flair bringen **Citruspflanzen** in den sommerlichen Garten oder in einen Wintergarten. Ein Zitronenbäumchen beispielsweise macht wenig Arbeit und bringt viel Freude. Allein die kleinen, wachsartigen Blüten erfüllen den gesamten Garten mit ihrem berauschenden Duft. Blüten, kleine grüne Minifrüchte, bis hin zu den dicken, saftigen Zitronen erfreuen mich und die Passanten das ganze Jahr über. Die Früchte sind viel süßer als gekaufte Zitronen, können sie doch in Ruhe und in der Sonne am Stamm reifen, bis sie gepflückt werden. Die gelbe Schale ist reich an ätherischem Öl und, im eigenen Garten ungespritzt, ein vielseitiges Gewürz. Citruspflanzen lassen sich durch Anbinden an ein Rankgerüst oder Schnitt in der gewünschten Größe halten, ohne etwas von ihrer Attraktivität einzubüßen. Die unterschiedlichsten Düfte können uns selbst im Winter von den **Duftpelargonien** (nicht zu verwechseln mit den Geranien) geschenkt werden. Es ist ihr Laub, das hier durch Anfassen oder Vorbeistreifen den Duft freigibt, im Sommer auch durch Sonne oder Wind. Die Blätter haben oftmals eine weiche, samtige Beschaffenheit, die immer dazu einlädt, sie zu berühren.

Engelstrompeten haben ihre Hauptblütezeit im Sommer – in günstigen Jahren kann sie aber bis in den November hinein dauern.

Von der herrlich duftenden Blüte bis zu solch einem Prachtexemplar von Zitrone dauert es eineinhalb Jahre.

auf einen blick

- Duftpflanzen können selbst den kleinsten Garten verzaubern. Aber auch auf dem Fensterbrett, Balkon und der Terrasse können wir in Düften schwelgen.
- Die Auswahl an Pflanzen mit duftenden Blüten und Blättern ist gerade für Töpfe und Blumenkästen groß.
- Duftende Topfpflanzen stehen während der milden Jahreszeit im Freien, müssen meist frostfrei überwintert werden oder begrünen das ganze Jahr über einen Wintergarten.

Duftende Arrangements und Treiberei

Zur Zeit der römischen Kaiser ließ man Rosenblätter auf die Köpfe der Gäste regnen, und man badete wörtlich im Duft bis zur Maßlosigkeit. Im Mittelalter wurden die Fußböden gegen Krankheiten und schlechte Gerüche mit aromatischen Kräutern bestreut, und noch im 18. Jahrhundert vertrieb man Krankheiten mit Wohlgerüchen. Heute erfreuen wir uns an aufgestellten Potpourris und vorgetriebenen Duftpflanzen.

Und heute? Wir brauchen mit den Düften im Zimmer nichts mehr zu vertreiben und die übertriebene Schwelgerei der Römer belächeln wir.

Trockenblumen und Potpourris

Natürlich möchten wir die zauberhaften Düfte des Gartens auch in der Wohnung haben. Ein frischer, duftender Blumenstrauß ist nicht zu jeder Jahreszeit möglich. Getrocknete Blüten jedoch lassen uns unsere Lieblingsdüfte »hinüberretten«. Vom Lavendelzweig bis zum üppigsten Potpourri – der Fantasie sind keine Grenzen gesetzt.

◄ Hier wurde dem Frühling etwas auf die Sprünge geholfen. Hyazinthenzwiebeln, auf speziellen Gläsern vorgetrieben, bringen Duft und Farbe in die tristen Monate.

Potpourris für Anfänger und Könner

Ich finde es am schönsten, einem Potpourri *ein* Duftthema zu geben: Rose, Veilchen oder fruchtige Düfte, und dann jeweils mit einem Tropfen ätherischen Öls nachzuhelfen. Rose zusammen mit Lavendel ist allerdings auch nicht zu verachten. Ein wunderschönes Potpourri für Anfänger, verfeinert mit ein bis zwei Tropfen Lavendel- oder Rosenöl.

Das **klassische Potpourri** enthält fünf Gruppen:
• duftende Blüten oder Rinden/Wurzeln
• Kräuter
• Gewürze
• Fixative
• ätherische Öle.
Und damit lässt sich herrlich spielen, allein die Zusammenstellung macht schon Spaß. Ein paar Grundregeln sind allerdings zu beachten. Blüten und

Ein schönes Beispiel dafür, dass Kräuter und Blüten schon während des Trocknens sehr reizvoll wirken können.

Blätter müssen beim Pflücken trocken sein. Bei Rosen sind Knospen oder gerade aufgeblühte Blüten besonders schön. Der Strauß wird zum Trocknen aufgehängt. Nur bei Hortensien stellt man die Stiele – ohne Blätter – in eine Vase mit Wasser.
Bei einzelnen Blüten habe ich die besten Erfahrungen mit Trockensalz (im Bastelgeschäft erhältlich) gemacht. Duft, Farbe und Form werden nicht verändert.

Bei einem Potpourri sind der Fantasie keine Grenzen gesetzt – je nach Lust und Laune kann man immer wieder etwas zufügen.

Als Fixativ wird die so genannte »Veilchenwurzel« verwendet (in Apotheken erhältlich). Das getrocknete Rhizom der *Iris germanica* 'Florentina' duftet nach Veilchen.

Keine andere Blume wird wohl in Potpourris so oft verwendet wie die Rose. Alle duftenden Rosen sind geeignet, Damascena-Rosen wie 'Ispahan' und Zentifolien wie 'Tour de Malakoff' sind wegen der Intensität ihres Duftes ideal.

Wer schon zu den Fortgeschrittenen gehört, kann einmal eine etwas aufwändigere Methode ausprobieren. Ähnlich wie beim Rumtopf kommen die frischen »Zutaten« nacheinander und schichtweise in ein möglichst verschließbares, dunkles Glas. Das Ergebnis ist nach zwei Monaten ein verführerisch duftendes Potpourri, wesentlich intensiver als bei trockenen Mischungen. Da es allerdings nicht so hübsch aussieht, hebt man es besser in einem Glas oder in speziellen Duftdosen auf.

Harmonie in Weiß

- weiße Rosenblüten schichtweise mit grobem Salz und Pfefferminzblättern in ein Glas geben
- nach ca. 2 Wochen duftende Hortensienblüten und einige

Versuchen Sie doch einmal ein **nostalgisches, viktorianisches Potpourri:**

- Blüten von rosa Rosen, Veilchen und Heliotrop sowie Rosenknospen
- Lavendel, Rosmarin und Thymian
- eine Zimtstange, ½ Teelöffel Gewürznelken
- »Veilchenwurzel«
- je 2 Tropfen Rosen-, Lavendel- und Zitronenöl

Dekoriert mit rosa und violetten Blüten auch ein optischer Genuss.

Rosen sind noch nicht zur Stelle. Wir kreieren ein **Frühlings-Potpourri:**

- Blüten von Jonquillen, Hyazinthen, »Bluebells«, Veilchen und Flieder
- verschiedene Kräuter wie Waldmeister, Pfefferminze oder Salbei mit ihrem frisch-aromatischen Duft und Lavendel
- »Veilchenwurzel«
- 4 Tropfen Jonquillen- oder Fliederöl

Eine Duftmischung wie der junge Frühling, leicht und beschwingt.

In diesem Stadium darf das Papierhütchen noch nicht entfernt werden.

Langsam wird das Hütchen von der dicken Knospe hochgehoben.

Nun können wir uns an dem Duft der Hyazinthen erfreuen.

Tropfen Bergamottöl (ein Zitrusduft) zufügen
- im Abstand von jeweils zwei Wochen Pfefferminzblätter und wiederum Bergamottöl zufügen
- weiße Rosenblüten
- und nochmals mit weißen Rosen und Bergamottöl abrunden.

Vielleicht möchten Sie den schönsten, meistbesungenen Duft, den der Rosen, ganz unverfälscht? Wenn Sie es fertig bringen, einen Rosenstrauß einfach nur dekorativ hinzulegen, ohne Wasser – Sie werden von dem Duft der welkenden Blüten hingerissen sein.

Blumentreiberei im Zimmer

Ich brauche weder Erdbeeren noch Spargel an Weihnachten und bin deshalb auch kein Freund der »Treiberei«. Aber so ganz widerstehen kann ich doch nicht, mir auf diese Weise Blütendüfte ins Haus zu holen. noch dazu in einer Jahreszeit, die uns diesbezüglich nicht gerade verwöhnt.

Hyazinthen in Gläsern

Wie lustig sehen Hyazinthengläser mit ihren bunten Hütchen aus. Zu beachten ist, dass die Zwiebeln auf dem Glas das Wasser nicht berühren und die Gläser in einen dunklen, kühlen Raum gestellt werden. Erst wenn die Wurzeln recht lang ins Wasser reichen und die Blütenknospe fühlbar ist, werden sie heller gestellt. Die Hütchen werden erst entfernt, wenn sie von der inzwischen dicken Knospe hochgehoben werden.

Haben die Hyazinthen im Zimmer ihren Duft verströmt, kann man sie in den Garten setzen. Im nächsten Jahr werden sie dort ihre volle Pracht entfalten. Im Frühling, neben anderen Blüten, fehlt dem Hyazinthenduft die Leichtigkeit und Jugendlichkeit, aber im Winter genieße ich seine schwere Süße.

Süße Narzissen

Auch Narzissen, wie die Sorte
'Paper White', eignen sich für
die Kultur in Töpfen. Die Zwiebeln kommen vorbehandelt auf
den Markt, so dass man sich
mitten im Winter an ihrem
süßen Duft erfreuen kann.
Je früher man die Zwiebeln im
Herbst einpflanzt, umso eher
kann man sich an dem Blütenduft erfreuen. Sie werden in

An 'Paper White', einer süß duftenden Narzisse, kann man schon zu
Weihnachten seine Freude haben.

An einem geschützten Platz kann man auch mit einer früheren Blüte rechnen.

einem nicht zu hohen Topf auf
die Erde gesetzt, angedrückt
und gewässert. An einem
kühlen Platz bei einer Tempera-
tur von ca. 5 °C bilden die Zwiebeln Wurzeln. Möchte man
schon zum Jahreswechsel blühende Narzissen haben, bringt
man die Töpfe um den 10. Dezember in ein kühles, helles
Zimmer (15 °C). Nach zwei Wochen werden die Töpfe wärmer
und noch etwas heller gestellt –
und werden bald blühen. An
einem sonnigen Platz geht es
noch schneller.
Das Gießen darf nicht vergessen
werden. Das Verblühte wird
später abgeschnitten, nicht aber
die Blätter. Die Ruhezeit beginnt, sobald das Laub vergilbt.
'Paper White' sieht dann alles

andere als dekorativ aus und steht dann besser im Keller, bevor sie im Frühling einen Platz im Garten findet. Hier wird sie von Jahr zu Jahr schöner – ein nochmaliges Vortreiben lohnt sich dagegen nicht. Wegen ihrer sehr frühen Blütezeit wird diese zarte Narzisse mit ihren großen weißen Blütenbüscheln auch »Weihnachtstazette« genannt. Ausgepflanzt im Garten blüht sie selbst an einem geschützten Platz wesentlich später (April–Mai).

Weihnachtliche Maiglöckchen

Ein ganz besonderes Geschenk zur Weihnachtszeit ist ein hübscher Topf mit blühenden Maiglöckchen. Man braucht dazu **Eiskeime,** das sind treibfähige Keime, denen man durch spezielle Kühlung den Winter vorweggenommen hat. Sie sind im Gartenfachhandel erhältlich. Zugegeben, das Gewirr von langen, braunen Wurzeln sieht wenig vertrauenerweckend aus.

Wenn man sich den Duft verspäteter Rosen ins Haus holen will, muss man darauf achten, die abgeschnittenen Knospen erst ein bis zwei Tage kühl zu stellen und die äußersten Blütenblätter zuvor vorsichtig zu lösen. Die Knospen öffnen sich dann noch in der Vase.

Aber getopft und warm und feucht gehalten (das geht gut auf der Fensterbank), verwandeln sie sich erstaunlich schnell in einen duftenden Frühlingsgarten en miniature. Sind sie verblüht, werden sie in den Garten gepflanzt und können dort im nächsten Jahr in voller Pracht erblühen.

Ein kostbares Geschenk ohne teuer zu sein: blühende Maiglöckchen im Topf – mitten im Winter.

auf einen blick

- Blütendüfte zu einer Zeit, in der sie im Garten nicht verfügbar sind, sind durchaus möglich.
- Potpourris aus getrockneten Blüten, Blättern und Früchten duften nicht nur herrlich – es macht auch Spaß, sie zusammenzustellen.
- Vorgetriebene Narzissen, Maiglöckchen und Hyazinthen können jedem Zimmer eine ganz persönliche Duftnote geben.

Ausgefallene Duftpflanzen

Jeder hat sein ganz persönliches Verhältnis zum Garten und zu den Pflanzen. Ich liebe das Seltene, Außergewöhnliche, Nicht-Alltägliche. Eine duftende Rose zu finden ist nicht schwer, bei einer Hortensie muss man schon länger suchen.

Bei meinen Gartenplanungen setze ich auch hin und wieder eine Rarität ein, aber gerade die ist es dann, die mit Stolz vorgezeigt wird. Oftmals muss man sich bei der Beschaffung in Geduld üben.

Auch ein gewisser Mut zum Risiko ist erforderlich, besonders was die Winterhärte betrifft, die bei Raritäten oft noch nicht genügend erprobt ist. Nie zuvor war es möglich, so leicht ferne Länder zu bereisen. Das weckt natürlich den Wunsch, die eine oder andere Pflanze zu Hause zu integrieren, Düfte mitzubringen und dadurch schöne Erinnerungen heraufzubeschwören.

Bluebells und andere Frühlingsdüfte

Mir ging es so bei den englischen »Bluebells« (Hyacinthoi-

◀ Die Tuberose bietet ein Dufterlebnis ohnegleichen.

des non-scripta), zu deutsch Hasenglöckchen. Ihr weicher, blumiger Duft füllt in Südengland im Frühjahr ganze Wälder. Auf diesen Duft wollte ich in meinem Garten nicht verzichten, was sich als recht schwierig erwies. Ein paar Pflänzchen können natürlich nicht den Duft von Abertausenden vermitteln, sie vermehren sich jedoch sehr fleißig.

Sie sind nicht zu verwechseln mit *Hyacinthoides hispanica,* den Waldhyazinthen oder Spanischen Hasenglöckchen, die zwar sehr ähnlich, aber längst nicht so reizvoll sind und auch weniger duften.

Süß duftende **Narzissen** bereichern den Frühlingsgarten ebenso. Einen leichten Duft haben viele, es lohnt sich aber, nach besonders duftenden Sorten zu suchen (siehe Seite 67). Auch hier steigt das Dufterlebnis mit der Menge der Blüten.

Zum Glück ist die **Orangenblume** inzwischen in vielen Gärtnereien erhältlich. Sie ist mit das Pflegeleichteste, was ich im Gar-

Das englische »Bluebell«, hier die seltene weiße Form, verströmt einen besonders suggestiven und eindrucksvollen Duft – allerdings nur in größerer Zahl.

ten habe, und stets ein Objekt der Bewunderung. Ich müsste eigentlich Prozente auf ihren Verkauf bekommen. Ein dekorativer Strauch, bei dem Laub und Blüten nach Orangen duften.

Duftende Clematis

Eine **Clematis** ist einmal eine andere duftende Kletter-

Clematis flammula, eine weiße Wolke mit herrlichem Vanilleduft.

pflanze. Die vom Frühling bis in den Herbst hinein blühende **C. montana** var. **wilsonii** duftet in voller Pracht wirklich nach heißer Schokolade, ein Blumenduft, außergewöhnlich und faszinierend zugleich.

C. flammula dagegen fängt erst im Juli an zu blühen und zu duften. Eine robuste Sorte, die bis zum September in großer Fülle nach Vanille duftet. Wenn man bedenkt, dass es die Vanille ist, die uns beim Schokoladeessen glücklich macht, müssten uns diese beiden Clematisdüfte von Mai bis September in Hochstimmung versetzen.

C. armandii gehört immer noch zu den Raritäten, die in unserem Vorgarten bestaunt werden. Nachdem sich das winterblühende Geißblatt verabschiedet

hat, betritt sie im zeitigen Frühling die Bühne. Und was für ein Auftritt! Weiße Blütensterne mit herrlichem Bittermandelduft in Hülle und Fülle! Sie schmückt unsere nach Süden gelegene Hauswand, bis die ersten Rosen zur Stelle sind. Ein zusätzlicher, nicht zu unterschätzender Vorteil ist das dekorative Laub das ganze Jahr hindurch, denn eine Rosenwand im Frühling ist nun wirklich nicht die größte Freude.

Rhododendren und Magnolien mit Duft

Duftende **Azaleen** und **Rhododendren** sind eine Bereicherung für den Frühlings- und Sommergarten mit der entsprechenden Erde, aber immer noch die Ausnahme. Es lohnt sich, sie sich

schicken zu lassen, sie kommen in hervorragendem Zustand an. Die Azalee **'Raimunde'** in lebhaftem Rosa duftet angenehm süß, ohne süßlich zu sein. Wer einen zarteren Farbton bevorzugt, wird sich eher für die Sorte **'Soir de Paris'** entscheiden. »Ein Abend in Paris« voller Erwartung und Düfte – könnte es einen schöneren Namen für eine schöne Pflanze geben?

Aber auch **Magnolien** können uns in den Frühlings- und Sommermonaten mit ihren fruchtigen Düften begleiten.

Düfte, die an exotische Früchte erinnern und mit den fremdartigen Blüten eine vollkommene Harmonie bilden. Es gibt

Selbst Hortensien können duften, wenn man die richtige Sorte wählt.

Dieses Prachtexemplar einer Engelstrompete lädt zum Verweilen auf der schlichten Steinbank ein.

viele Arten und Sorten, meist für große Gärten, aber auch für kleinere, für geschützte und weniger geschützte Standorte und für jeden Geschmack. Wie wäre es mit *Magnolia sieboldii?* Ein köstlich fruchtiger Duft entströmt ihren schneeweißen Blütenschalen mit den hervorstehenden karmesinroten Staubbeuteln. Auch die Früchte haben später diese Farbe und sind sehr dekorativ. Diese asiatische Schönheit verausgabt sich nie auf einmal. Sie blüht in gewissen Abständen über viele Monate.

Selbst **Hortensien** können duften, und zwar herrlich nach Honig. Die erst im Spätsommer erscheinenden Rispen der Sorte *Hydrangea paniculata* 'Kyushu' werten jedes Beet mit saurem Boden auf, in dem um diese Zeit Düfte rar sind. Denn weder Rhododendron noch Lavendelheide blühen um diese Zeit.

Duftende Raritäten im Topf

Eine der attraktivsten Pflanzen für einen großen Topf ist die **Engelstrompete.** Große, exotisch duftende Blüten erscheinen unermüdlich den ganzen Sommer über und sind ideal, auch den einfachsten Sitzplatz einladend zu gestalten. Besonders am Abend, da ist ihr Duft noch intensiver. Um üppig zu blühen, braucht sie in ihrer Wachstumszeit viel Wasser und Dünger. Sie kann stark zurückgeschnitten werden, das erleichtert ihre Unterbringung im Winter an einem frostgeschützten Ort.

Bei der **Passionsblume** ist mein Mut zum Risiko belohnt worden. Ich habe sie ausgepflanzt und sie hat es bisher ohne Schaden überstanden. Zugegeben, die letzten drei Winter waren nicht hart, wir wohnen im milden Rhein-Main-Gebiet und haben mit Hecken und überhaupt durch dichte Bepflanzung ein günstiges Kleinklima im Garten geschaffen. Ihren Wurzelbereich habe ich mollig warm eingepackt. Aber selbst die langen Triebe sind nicht zurückgefroren und treiben munter weiter aus. Ihr interessanter, orientalischer Duft ist mir ein bisschen extra Mühe wert.

Noch etwas später erscheint die **Sterngladiole** mit ihrem schweren, süßen Duft, der jeden Herbstgarten auf ange-

Eine vollkommene Harmonie. Duft und Farbe der Glyzine unterstreichen noch den nostalgischen Charakter des Hauses.

bekannt ist? Ein geschütztes Beet, am besten am Fuße einer Südmauer, und Sonne, dann ist sie glücklich. Denn schließlich stammt sie aus Afrika. Ist das Laub verwelkt, werden die Zwiebeln wie bei Gladiolen aus der Erde genommen und im Frühjahr neu gepflanzt. Die interessanten weißen Blüten mit dunklem Fleck sitzen leicht nickend auf langen Stielen. Sie sind sehr schön als Schnittblumen zur Dekoration von Räumen.

Das trifft inzwischen auch für die **Tuberose** zu. Einen berauschenderen Duft können wir uns mit keiner anderen Blüte in Haus und Garten holen. Exotisch, schwer und süß, sinnlich und betäubend, in einem geschlossenen Raum oft an der Grenze des Erträglichen, in einem Topf ins Freie gestellt aber ein Dufterlebnis ohnegleichen. Die Heimat der Tuberose ist Mexiko, von dort kam sie bereits im 17. Jahrhundert nach Europa. Schon Ludwig XIV. soll sie sehr geschätzt haben. Und von einem Engländer ist aus dem Jahr 1891 überliefert, was auf Seite 51 im Kasten oben links steht. Wohl kaum haben wir heute eine Galerie, die vom Tuberosenduft überflutet werden kann. Und selbst wenn wir keine Möglichkeit haben, uns diese

nehmste Weise dominiert. Obwohl sie in vielen Gartencentern angeboten wird, ist sie kaum in Gärten zu sehen.

Werden ihre Ansprüche an Standort und Klima vielleicht überschätzt? Oder liegt es einfach daran, dass sie so wenig

> *»Die Tuberose, eine Blüte, von der selbst in dem vollkommensten Garten der »Sinnlichen Pflanzen« gesagt wird: – Süße Tuberose, die am süßesten duftende Blume, die blüht – hatte bei uns sehr süß geduftet. Aber wir wagten nicht, sie in unserem Garten zu lassen. Wir brachten die Töpfe mit ihren hohen Stängeln, geschmückt mit herrlichen Blütenbüscheln, in die Halle, und der warme Wohlgeruch stieg die Treppe empor und überflutete die Galerie.«*
>
> Henry A. Bright

»Duftwolke« in einem Topf zu ziehen – wozu gibt es Parfums? Der berauschende Duft der Tuberose findet sich beispielsweise in Chloé von Lagerfeld, Poison von Dior und Number One von Patricia de Nicolai. Besonders aber in Jardins de Bagatelle von Guerlain. In diesem Duft ist die Tuberose deutlich wahrnehmbar, aber auch Gardenie, Jasmin und Citrusblüten sind mit im Spiel. Ein südlicher »Duftgarten«.
Den Abschluss im Raritätenduftjahr bildet die bereits im Kapitel »Winter« gepriesene **Fleischbeere** *(Sarcococca)* mit ihrem so wunderbaren Honigduft. Sehr zu meiner Freude ist sie inzwischen in gut sortierten Gärtnereien zu finden.

Ein persönlicher Duftgarten

Die Vielfalt der Düfte ist sehr groß, und genauso groß ist die Versuchung, sie wahllos im Garten zu verteilen. Haus und Garten sollten im Stil eine Harmonie bilden, und ich stelle es mir sehr reizvoll vor, die Düfte davon nicht auszuschließen.
Zu einem alten Haus würden mir nostalgische Düfte wie die von Alten Rosen, Nachtviolen oder Levkojen gefallen und zu einem Bauernhaus warme, aromatische Düfte wie die von Goldlack, Nelken oder allen Kräutern.
Am einfachsten ist es bei einem ganz schlichten Haus, hier kann man seiner Fantasie freien Lauf lassen. Aber durch einige Raritäten mit ihren teilweise exotischen Düften ließe es sich zu etwas Besonderem machen. Steht man dann vor der Fülle von Schönheit und vor vollkommener Harmonie, darf man ruhig ein bisschen stolz sein. Mein Garten ist zum Mittelpunkt meines Lebens geworden. Mit ihm verbinden sich viele Erinnerungen, die in erster Linie mit

Es kommt immer einmal vor, dass etwas nicht auf Anhieb gelingt, auch im Duftgarten, und fertig ist er sowieso nie. Wenn Ihnen noch nie eine Pflanze eingegangen ist, sind Sie vermutlich zu zaghaft im Experimentieren. Stagnation ist der große Feind eines Gartens – nicht das Sterben einer einzelnen Pflanze.

den Düften zusammenhängen. Manchmal entstehen durch das Zusammenspiel von unterschiedlichen Düften zur gleichen Zeit, Wetter, Tageszeit und auch meiner augenblicklichen Stimmung neue Dufterlebnisse, die mich überraschen, erstaunen und verzaubern. Zaubern auch Sie sich Ihren ganz persönlichen »Garten der Düfte«.

auf einen blick

- Raritäten im Garten sind das »Tüpfelchen auf dem i« – und gar nicht so heikel, wie oft angenommen wird.
- Obwohl vieles auch schon bei uns erhältlich ist, muss man bei der einen oder anderen Art auf Suche gehen.

Die schönsten Duftpflanzen im Porträt

Aus der großen Zahl duftender Pflanzen werden hier die schönsten und bekanntesten vorgestellt, aber auch einige Raritäten. Die Pflanzen sind alphabetisch geordnet – mit ausführlicher Beschreibung unter dem botanischen Namen und mit Querverweis bei den deutschen Namen.

Brugmansia × *candida*, die Engelstrompete, hier mit gefüllten Blüten.

- Azalee → *Rhododendron*
- Bartnelke → *Dianthus*
- Bluebells → *Hyacinthoides non-scripta*
- Bohnenkraut → *Satureja*

Brugmansia × candida
(Syn.: Datura × candida)
Engelstrompete

Höhe: Bis 3 m und mehr.
Blütenfarben: Weiß und Apricot.
Pflegetipp: Die Engelstrompete steht im Sommer gern an einem warmen, windgeschützten Platz und muss frostfrei überwintert werden. Sie lässt sich problemlos auf die gewünschte Größe zurechtschneiden.

DD✿ ✿S ❄
Wunderbar nach Lilien duftet die weiße Sorte **'Knightii'** mit ihren trompetenförmigen, gefüllten Blüten von 30 cm Länge. Eine unserer schönsten Exoten für einen großen Topf. Am Abend ist der Duft besonders deutlich wahrnehmbar. Die apricotfarbene Sorte **'Grand Marnier'** duftet nicht ganz so betörend.

◄ Englische Rosen haben Duft und Charme der Alten Rosen und zugleich den Vorzug, öfter zu blühen.

Erläuterungen zu den verwendeten Symbolen:

Duftintensität:
D = Duft deutlich wahrnehmbar
DD = Duft intensiv
DDD = Duft außergewöhnlich intensiv
✿ = Blütenduft
✿ = Laubduft

Blütezeit:
✿F = Frühling
✿S = Sommer
✿S+ = Sommer mit Nachblüte
✿H = Herbst
✿W = Winter

Standort:
○ = braucht volle Sonne
◑ = verträgt Halbschatten
● = verträgt Schatten

Winterhärte
❄ = frostempfindlich
❄❄ = an besonders geschützten Standorten für das Freiland geeignet, braucht jedoch Winterschutz
❄❄❄ = winterhart

Buddleja davidii mit herrlichem Honigduft.

Buddleja davidii
Schmetterlingsstrauch

D ✿ ❀S/H ◯◑ ❄
Durch seinen herrlichen Honigduft locken die attraktiven Blütenrispen nicht nur uns an; vom Sommer bis zum Herbst werden sie von Schmetterlingen umschwärmt, ein zusätzlicher Aspekt.
Höhe: 3 m.
Blütenfarben: Lila, Weiß und verschiedene Rosatöne.
Pflegetipp: Der laubabwerfende Strauch blüht am einjährigen Holz und sollte im Frühjahr kräftig geschnitten werden, er treibt willig wieder aus.

Buxus
Buchs

D ✿ ❀F ◯◑● ❄
Die winzigen, unscheinbaren, gelblichen Blüten können im zeitigen Frühjahr herrlich blumig nach Veilchen duften, besonders bei der Art *B. microphylla,* die langsam und kompakt wächst. Dagegen ist der Duft des Laubes der immergrünen, dichten Sträucher für manche Nasen nicht so angenehm. Buchs bringt in jeden Garten Ruhe.
Höhe: 75 cm.
Blütenfarbe: Gelblich, unauffällig.
Pflegetipp: Buchs lässt sich gut in Form schneiden, je nach Geschmack als Kugel, Kegel oder Tier, wobei der Fantasie keine Grenzen gesetzt sind.

• Cheiranthus cheiri → *Erysimum cheiri*

Choisya ternata
Orangenblume

D ✿❀ ❀F+H ◯◑ ❄❄
Sowohl die weißen, sternförmigen Blüten als auch das weiche, glänzende Laub duften nach Orangen. Ein sehr dekorativer, immergrüner, anspruchsloser

Bei *Choisya ternata* duften Blüten und Blätter.

Strauch, dem viel mehr Beachtung in der Gartengestaltung geschenkt werden sollte. Er ist zu jeder Jahreszeit ein Genuss für Auge und Nase, besonders allerdings im späten Frühjahr und im Herbst durch seine Blüten.
Höhe: Bis 3 m.
Blütenfarbe: Weiß.
Pflegetipp: Windschutz durch Mauern, Zäune oder Hecken. Im Winter kann Schneelast zum Abbrechen von Zweigen führen und sollte abgeschüttelt werden.

Citrus
Zitrone, Orange

DD ✿❀ ❀F/S/H/W ◯ ❄
Der Duft des Südens: berauschend süß in den kleinen weißen Blüten, aromatisch herb im Laub, und nicht zu vergessen die saftigen Früchte. Ob man

Citrus limon mit duftenden Blüten und sonnengereiften Früchten.

duften die cremeweißen Blütensterne im März, manchmal schon im Februar. Diese Kletterpflanze mit ihrem attraktiven Laub ist das ganze Jahr über eine Zierde. Sie wirft ihre langen, dunkelgrünen, ledrigen Blätter nicht ab. Die Sorte **'Snowdrift'** hat reinweiße Blüten, bei der Sorte **'Appleblossom'** sind die Blüten rosa.
Höhe: Bis 5 m, auch mehr.
Blütenfarben: Weiß und Rosa.
Pflegetipp: Ein sonniger, geschützter Standort und ein Winterschutz in den ersten Jahren sind erforderlich. Diese Clematis braucht keinen Rückschnitt, nur die trockenen Blätter müssen entfernt werden.

sich für Orangen- *(C. sinensis)* oder für Zitronenbäumchen *(C. limon)* entscheidet ist im wahrsten Sinne des Wortes »Geschmackssache«. Bei uns stehen die Zitronen in ihren Töpfen von März bis Anfang November an der Südseite des Hauses. Die Sorte **'Quattro Stagione'** (Zitrone) blüht und fruchtet das ganze Jahr. Von der Blüte bis zur dicken gelben Frucht dauert es ungefähr eineinhalb Jahre. Zu empfehlen sind auch die Sorten **'Meyer'** (Zitrone) und **'Washington'** (Orange). So ein Zitronen- oder Orangenbäumchen macht kaum Arbeit und bringt unheimlich viel Freude.
Höhe: Bis 2 m und mehr.
Blütenfarbe: Weiß.
Pflegetipp: Citruspflanzen brauchen eine geeignete Überwinterung, um ihr Laub zu behalten: hell, um 10 °C, mit leicht feuchter Erde.

Clematis armandii
Clematis

DD❋ ✿W/F ○ ❄❄
Intensiv nach Bittermandeln

Clematis armandii an einer Hauswand im Vorfrühling.

Clematis × triternata
(= C. flammula × C. viticella)
'Rubra Marginata'
Clematis

D ❀ ❀S/H ◐◑ ❄

Ein wunderbarer Vanilleduft entströmt der Fülle kleiner – nur aus vier Blütenblättern bestehenden – Blüten in Weiß mit rotviolettem Rand. Die Gesamtwirkung ist eher violett als weiß. Bei dieser Clematis ist nur der Name schwierig: sie ist mit jedem Standort zufrieden, bevorzugt aber einen sonnigen. Sie ist winterhart, frei von Krankheiten und auch für die Pflanzung in einem großen Topf geeignet. Es gibt spezielle Kletterhilfen für Töpfe. Bild siehe Seite 22.

Höhe: 2,5–3,5 m.
Blütenfarbe: Weiß mit rotviolettem Rand.
Pflegetipp: Sie dankt einen kräftigen Rückschnitt bis ca. 20–50 cm über dem Boden, am besten im November oder Dezember.

Clematis montana var. wilsonii
Clematis

D ❄ ❀F/S ◯◐◑● ❄❄

Vom Frühling bis zum Sommer duftet die weiße Blütenpracht nach heißer Schokolade. Es ist nicht selbstverständlich, dass eine Clematis duftet, schon gar nicht so exotisch. Eine einzige Blüte würde das Wunder auch bei dieser Art nicht vollbringen können.

Höhe: 5–8 m.
Blütenfarbe: Weiß.
Pflegetipp: Sie ist sehr anspruchslos, dankt einen geschützten Platz, ansonsten fühlt sie sich an jedem Standort wohl. Ein Rückschnitt ist nicht erforderlich.

Convallaria majalis
Maiglöckchen

DD ❄ ❀F ◐● ❄

Maiglöckchen duften natürlich nach Maiglöckchen. Diese entzückenden Stauden mit ihren schneeweißen Glöckchen sind im Spätfrühling ein »Muss« für jeden Duftgarten. Mitunter dauert es aber eine ganze Weile, bis sie sich großzügig ausbreiten. Gefällt ihnen der Standort und haben sie sich etabliert, kann es nötig werden, sie in ihre Schranken zu verweisen. Bild siehe Seite 10. – Es gibt sogar eine gefüllte Sorte **'Flore Pleno'** und eine rosafarbene **'Rosea'**, die aber beide längst nicht so betörend duften. Mir ist die schlichte einfache Sorte die liebste. Das Maiglöckchen eignet sich auch gut für die Treiberei (siehe Seite 45).

Höhe: Bis 20 cm.
Blütenfarbe: Weiß; selten auch Rosa.
Pflegetipp: Maiglöckchen geraten leicht außer Kontrolle und sollten genügend Platz zum Verwildern haben.

Corylopsis sinensis
Scheinhasel

D ❀F

Würden die blassgelben Blütentrauben diesen Strauch oder kleinen Baum im Sommer schmücken, würde man ihren herrlichen, blumigen Duft kaum wahrnehmen. Zu Beginn des Frühlings aber, wenn die kahlen Äste über und über mit Blüten bedeckt sind und man mit Düften noch nicht so verwöhnt ist, wird man in einen Duftrausch versetzt.

Höhe: Bis 3,5 m.
Blütenfarbe: (Blass-)gelb.
Pflegetipp: Liebt sauren Boden, feucht, aber durchlässig. Geschnitten wird am besten gleich nach der Blüte.

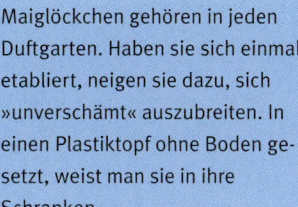

Daphne mezereum zur Schnee-
glöckchenzeit.

Pflegetipp: Seidelbast braucht einen gut durchlässigen Boden und liebt einen kühlen Wurzel- bereich (Mulch oder Laub). Aber er liebt es gar nicht, verpflanzt zu werden.

Dianthus
Nelken

DD  s ○

Der süßwürzige Duft der Nelken passt sehr gut in die sommerli- che Rabatte. Deshalb sollte man auch darauf achten, duftende Sorten zu bekommen, denn lei- der ist das nicht selbstverständ- lich. Bartnelken *(D. barbatus)* mit ihren flachen, kleinen Blü- ten in den Farben Weiß, Rosa oder Rot werden zweijährig ge- zogen und sind nicht höher als 20 cm. Bei den Hybriden ist alles größer: die Blüte, der Wuchs und die Palette der Far- ben – nur der Duft nicht. Loh- nend sind die Sorten **'White Ladies'** (weiß) und **'Musgrave's Pink'** (mit einem grünen Auge). **Höhe:** 20–35 cm. **Blütenfarben:** Weiß, Rosa und Rot. **Pflegetipp:** Das Entfernen ver- welkter Blüten fördert einen dichten, buschigen Wuchs und ein üppiges Blühen.

Maiglöckchen gehören in jeden Duftgarten. Haben sie sich einmal etabliert, neigen sie dazu, sich »unverschämt« auszubreiten. In einen Plastiktopf ohne Boden ge- setzt, weist man sie in ihre Schranken.

- Duftblüte → *Osmanthus*
- Duftsteinrich → *Lobularia maritima*
- Duftveilchen → *Viola odorata*
- Duftwicke → *Lathyrus*
- Engelstrompete → *Brugmansia*

Dianthus barbatus, die Bartnelke.

Daphne
Seidelbast

DD w ○◑

»Süß, mit einem Hauch von Ge- würznelken« lässt sich der Duft dieses Winterblühers am besten beschreiben. *D. mezereum* und *D. odora* sind besonders für klei- nere Gärten geeignet. Bei **D. me- zereum** erscheinen die sternför- migen, purpurfarbenen Blüten an den noch kahlen Zweigen im Spätwinter. **D. odora** dagegen ist immergrün mit zarter getönten Blüten. Von beiden gibt es auch sehr hübsche weiße Formen. Alle Teile der Pflanze, auch die Früchte, sind äußerst giftig. **Höhe:** Bis 1 m. **Blütenfarben:** Rot, Lila und Weiß.

Erysimum cheiri
(Syn.: Cheiranthus cheiri)
Goldlack

DD 🌿 ❀ F/S ○

Der süß würzige Duft des Gold-lacks ist leider längst nicht bei allen Sorten vorhanden. Wie schade, da er ein Gewinn für den Garten ist. Zweijährig ge-zogen, gibt es den Goldlack in Gelb, Orange, Rot, Pastell und sogar in einem Cremeton. Ich finde, in dem satten Gelb ist der Duft am vollsten. Bild siehe Seite 21.
Höhe: 25–60 cm.
Blütenfarben: Gelb, Orange, Rot und (Creme-)Weiß.
Pflegetipp: Hier ist einmal ein magerer Boden von Vorteil. Ein leichter Schnitt nach der Blüte verhindert einen langen, unschönen Wuchs.

- Falscher Jasmin → *Philadel-phus*
- Fleischbeere → *Sarcococca*
- Flieder → *Syringa*
- Funkie → *Hosta*

Galium odoratum
Waldmeister

D 🌿 ❀ F/S ○◑● ❄

Besonders deutlich wahrnehm-bar ist der typische, frisch aro-matische Duft des »Maikrauts« nach einem warmen Regen oder in leicht welkem Zustand. Der Duft kommt von den Blättern, sicherlich vielen als Bestandteil der Maibowle bekannt. Die klei-nen, weißen Blüten dieser reiz-vollen Staude sind eher un-scheinbar. Waldmeister eignet sich gut als Bodendecker.
Höhe: Bis 15 cm.
Blütenfarbe: Weiß.
Pflegetipp: Waldmeister wuchert zwar stark, verdrängt aber andere Pflanzen nicht.

Gardenia augusta
Gardenie

DD 🌿 ❀ S/H ◐ ❄

Die großen, milchig weißen Blü-ten der Gardenie duften schwer und süß mit einer fruchtigen Note. Diese sehr beliebte Pflan-ze mit ihren dunkelgrünen, glänzenden Blättern blüht im Sommer und Herbst und muss frostfrei überwintert werden.
Höhe: Bis 1,5 m, meist viel nied-riger.
Blütenfarbe: Weiß.

Gardenia augusta wird nur so schön blühen und duften, wenn sie sich wohl fühlt.

Gladiolus callianthus, auch hübsch in einem großen Topf.

Pflegetipp: Sie ist etwas heikel in der Pflege, braucht Wärme und viel Feuchtigkeit und fühlt sich im Halbschatten am wohlsten.

• Geißblatt → *Lonicera*

Gladiolus callianthus (Syn. *Acidanthera bicolor*) Sterngladiole

DD   H ❅❅
Schwer und süß duftet selbst eine einzige Blüte der Sterngladiole, außerdem sieht sie interessant aus: reinweiß mit einem dunklen Fleck, der ihr etwas Dämonisches verleiht.

Höhe: Bis 1,2 m.
Blütenfarbe: Weiß mit dunklem Fleck.
Pflegetipp: Diese Knollenpflanze braucht einen warmen, sonnigen Platz. Je heißer der Sommer, desto schöner wird sie im Herbst blühen und ihren herrlichen Duft verströmen.

• Glyzine → *Wisteria*
• Goldlack → *Erysimum*

Hamamelis mollis Zaubernuss

D W
Einen süßen, vanilleähnlichen Duft verbreiten die goldgelben, spinnenartigen Blüten im Winter. Sie erscheinen an den noch kahlen Zweigen und geben dem Strauch ein bizarres Aussehen. Die Sorte **'Coombe Wood'** hat einen besonders intensiven Duft. Die Blüten von **'Brevipetala'** haben mehr einen Orangeton und duften würzig. Längst nicht alle Sorten duften.
Höhe: 3–4 m.
Blütenfarbe: Gelb.
Pflegetipp: Liebt sauren bis neutralen Boden in einer offenen Lage. Rückschnitt am besten nach der Blüte.

Heliotropium arborescens Heliotrop, Vanillestrauch

D   S
Wie der deutsche Name schon sagt, duften die dunklen, purpurfarbenen Blütenköpfe nach Vanille, besonders intensiv bei der Sorte **'Princess Marina'**. Diese einjährig gezogene Pflanze hat wunderschönes Laub und sieht in einer sommerlichen Rabatte sehr hübsch aus.
Höhe: Bis 30 cm.
Blütenfarbe: Lila.
Pflegetipp: Mäßig gießen. Heliotrop kann auch hell und frostfrei überwintert werden.

Heliotropium arborescens, der Vanillestrauch.

Hemerocallis
Taglilie

DD  s ○ ❄

Hier kommen je nach Sorte die verschiedensten Düfte vor: Honig bei der cremeweiß blühenden **'Gentle Shepherd'**, Zitrone bei der goldgelben **'Golden Peace'** oder ein süßer Duft bei einer gelben Wildart. Die Blüten dieser Staude halten nur einen Tag, daher der Name, aber sie bringt unermüdlich neue hervor.
Eine Taglilie, die nachts blüht, gibt es auch: **H. citrina.**

Hemerocallis, anmutig am Gartenzaun.

Höhe: 25 cm bis 1,2 m, je nach Sorte.
Blütenfarben: Gelb, Rot, Rosa und Weiß.
Pflegetipp: An einem sonnigen Platz mit feuchtem Boden gedeiht sie am besten.

Hesperis matronalis
Nachtviole

DD  s ◐

Die Blüten dieser alten Pflanze der Bauerngärten duften in den sommerlichen Abendstunden aromatisch nach Gewürznelken. Ob in Lila oder Weiß, mit einfachen oder gefüllten Blüten verdient diese Staude mehr Beachtung für einen vollsonnigen Platz im Garten. Bild siehe Seite 21.
Höhe: 60–90 cm.
Blütenfarben: Lila und Weiß.
Pflegetipp: Sie sät sich selbst aus und sollte alle zwei Jahre neu gezogen werden.

• Hortensie → *Hydrangea*

Hosta **'Royal Standard'**
Funkie

D  S/H ○◐● ❄

Die schneeweißen, großen, trompetenförmigen Blüten

haben als Zugabe noch einen herrlich blumigen Duft. Diese Staude mit hellgrünem, schönem Laub treibt erst im April aus und blüht dafür bis in den Oktober hinein. Sie ist auch – im Gegensatz zu anderen Funkien – für ein sonniges Fleckchen geeignet.
Höhe: Bis 60 cm.
Blütenfarbe: Weiß.
Pflegetipp: Funkien brauchen einen feuchten, gut durchlässigen Boden.

Hyacinthoides non-scripta
**»Englisches Bluebell«,
Hasenglöckchen**

D ✿ ❀ F ◐ ❄

Wunderbar weich und blumig duften die kleinen Glöckchen des »Englischen Bluebells«, die es inzwischen auch in Rosa und Weiß gibt. Es eignet sich hervorragend zum Verwildern, und wo es das darf, wird es zu einem »Frühlings-Dufterlebnis«. Die Zwiebeln sind jeweils im Herbst nun auch in Deutschland erhältlich.
Höhe: 20–30 cm.
Blütenfarben: Blau, Rosa und Weiß.
Pflegetipp: Humusreiche, feuchte, gut durchlässige Erde ist den Bluebells am liebsten.

Hyacinthoides non-scripta, das englische »Bluebell«, füllt mit seinem Duft ganze Wälder.

ten nach Honig. Sie bestehen aus weißen Scheinblüten, die die Bienen anlocken und sie zu den unscheinbaren, grünlichen, fruchtbaren Blütchen führen. Eine Hortensie im Duftgarten ist sehr zu empfehlen. Sie blüht oft schon ab Juni und bis in den September hinein, eine Zeit, in der viele Sträucher durch ihren Fruchtschmuck schon an den Herbst denken lassen.

Höhe: Bis 2 m.

Blütenfarbe: Weiß.

Pflegetipp: Sie bevorzugt sauren Boden und genießt eine Gemeinschaft mit Rhododendren und Azaleen.

• Japanische Zierkirsche → *Prunus*

Hyacinthus orientalis
Hyazinthe

DD ❀ ❀F ○◑◐● ❄❄

Der schwere Duft der Hyazinthen ist sicher vielen bekannt. Im Garten verliert er seine Intensität, die im geschlossenen Raum oft aufdringlich wirkt. Zu hübschen Tuffs zusammengepflanzt – ob in Weiß, Violett, Rosa, Rot, Orange oder Gelb –, setzen sie farbliche Akzente in den Frühlingsgarten. Gut geeignet für die Treiberei (siehe Seite 43).

Höhe: 10–20 cm.

Blütenfarben: Weiß, Lila, Rosa, Rot und Gelb.

Pflegetipp: Im Garten werden die Zwiebeln im Herbst gepflanzt. Sie sollten vor zu viel Nässe geschützt werden.

Hydrangea paniculata 'Kyushu'
Rispenhortensie

D ❀ ❀S/H ○◑ ❄

Auch Hortensien können duften, allerdings ist das eher die Ausnahme. Die großen Blütenrispen der Sorte 'Kyushu' (sie stammt von einer japanischen Insel) duf-

Hyacinthus orientalis mit interessanter Blütenzeichnung.

Jasmin an einem geschützten Platz.

Jasminum officinale
Echter Jasmin

DD 🌼 ❀s ○ ❄❄

Der schwere, süße Duft der reinweißen Blüten dieser Kletterpflanze kann im Sommer einen
kleinen Garten völlig einhüllen.
Das glänzend dunkelgrüne Laub
ist der ideale Hintergrund für die
kleinen Blütensterne. An einem
sonnigen, geschützten Platz wird
er jedes Geländer oder Rankgerüst aufwerten.
Höhe: Bis 10 m, meist niedriger.
Blütenfarbe: Weiß.
Pflegetipp: Jasmin ist sehr anspruchslos in der Pflege. Nach
der Blüte sollten sparrige, unor-
dentliche Zweige entfernt werden.

• Jonquille → *Narcissus*
• Katzenminze → *Nepeta*
• Königslilie → *Lilium regale*

Lathyrus odoratus
Duftwicke

DD 🌼 ❀s ○

Ohne den süßen Vanilleduft ist
ein sommerlicher Bauerngarten
kaum denkbar. Leider haben
viele Wickensorten kaum noch
einen oder gar keinen Duft mehr.
Deshalb sollte man versuchen,
duftende Sorten zu bekommen
wie: **'Noel Sutton'** (in einem
Mauveton) oder **'Pink Cupid'** (in
Pink und Weiß, nur 15 cm hoch).
'Apple Blossom' hat gefüllte,
weiß-rosafarbene Blüten. Duft-
wicken sind einjährig und werden meist aus Samen gezogen.

Lathyrus odoratus mit betörendem
Vanilleduft.

Höhe: 15 cm bis 2 m, je nach
Sorte.
Blütenfarben: Lila, Rosa, Rot
und Weiß.
Pflegetipp: Duftwicken gedeihen am besten in gut gedüngter
Erde und blühen üppiger, wenn
die verwelkten Blüten abgeschnitten werden. Hochwach-
sende Sorten brauchen eine
Stütze.

Lavandula angustifolia
Lavendel

DD 🌼 ❀s ○ ❄

Der Duft des Lavendels, ein
bisschen altmodisch, ein
bisschen verträumt, muss nicht
näher beschrieben werden.
Nicht nur die Blüten haben diesen unvergleichlichen Duft,

Lavendel: einer der nostalgischsten
Kräuterdüfte.

Lilium candidum, die Madonnenlilie, lässt sich von allen Lilien am leichtesten kultivieren.

sondern auch die Blätter, nur etwas würziger. Der Lavendel braucht volle Sonne und einen leichten Boden, um seinen Duft richtig zu entfalten. Die purpurblauen Blüten der Sorte **'Munstead'** duften besonders intensiv, aber auch weiß oder rosa blühenden Lavendel gibt es.
Höhe: 15–50 cm.
Blütenfarben: Lila, Weiß und Rosa.
Pflegetipp: Lavendel ist anspruchslos, sollte jedoch im Frühling stark zurückgeschnitten werden.

• Lavendelheide → *Pieris*
• Levkoje → *Matthiola*

Lilium candidum
Madonnenlilie

 s

Ein intensiver Honigduft entströmt den reinweißen Trichterblüten der Madonnenlilie im Sommer. Als einzige Lilie überwintert sie mit ihrer dekorativen, hellgrünen Blattrosette.
Höhe: 1–1,8 m.
Blütenfarbe: Weiß.
Pflegetipp: Die Zwiebeln werden im August gepflanzt, und zwar dicht unter die Erdoberfläche. Sie erfordern neutralen bis alkalischen Boden.

Lilium regale
Königslilie

DD s

Mit herrlich fruchtigem Duft erfreuen uns die weißen Trompeten, die außen mit einem intensiven Rosaton überzogen sind. Sie liebt die volle Sonne und trägt im Hochsommer oft 20 und mehr Blüten an einem Stängel.
Höhe: 1–1,5 m.
Blütenfarbe: Weiß, außen Rosa.
Pflegetipp: Die Zwiebeln werden im Herbst gesteckt: 2- bis 3-mal so tief, wie sie hoch sind, in einem Abstand von ca. 20 cm. Sie vertragen jeden Boden, ausgenommen einen sehr alkalischen. Wenn man Geduld hat, lassen sich Lilien leicht aus Samen vermehren.

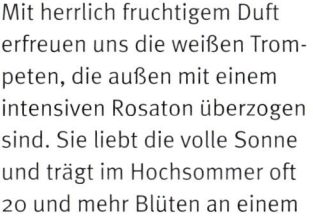

Lobularia maritima
(Syn.: *Alyssum maritimum*)
Duftsteinrich, Steinkraut, Strand-Silberkraut

DD s

Ein wunderbarer Honigduft entströmt den winzigen Blütchen, die in großer Fülle an dieser einjährigen Pflanze vom Juni bis zum ersten Frost erscheinen. Ideal für die Randbepflanzung eines Beetes oder für ein  großes Dufterlebnis selbst im kleinsten Topf. Es gibt auch eine lila Form, die aber nicht so intensiv duftet, und verschiedene Sorten mit kompakterem Wuchs und einer größeren Farbpalette. *Lobularia* ist ein typisches Beispiel dafür, dass der Duft bei

Königslilien lassen sich leicht durch Samen vermehren. Ihre Keimfähigkeit lässt sich erkennen, wenn man die Samen gegen das Licht oder unter die Lupe hält und ein kleines, schwarzes »Komma« entdeckt. Die Samen keimen relativ schnell, und wenn man Glück hat, kann man sich schon im zweiten Jahr an Blüten erfreuen.

Lobularia maritima, eine kleines, dankbares Pflänzchen, mit herrlichstem Honigduft.

der Art (Wildform) viel intensiver ist als bei den Sorten.

Höhe: Bis 10 cm.

Blütenfarben: Weiß, auch Lila.

Pflegetipp: Gut durchlässige Erde und ein Rückschnitt nach der ersten Blüte werden die Freude an dieser kleinen Duftwolke noch erhöhen.

Lonicera × purpusii 'Winter Beauty' Winterblühendes Geißblatt

DD W/F

Es ist kaum zu glauben, aber dieses Geißblatt duftet mitten im Winter und zwar nach Veilchen. Man nimmt erst den Duft

wahr, bevor man die kleinen, weißen Blüten sieht. In der Nähe eines Fensters gezogen, lässt sich der Duft am besten genießen. Achten Sie unbedingt auf die Sorte 'Winter Beauty'; sie duftet intensiver, ihre Blüten sind größer und weißer und sie blüht früher.

Höhe: Bis 2 m.

Blütenfarbe: Weiß.

Pflegetipp: Dieses Geißblatt ist völlig problemlos. Staksige Triebe gleich nach der Blüte zurückschneiden.

Lonicera japonica 'Halliana' Japanisches Geißblatt

DD F/S

Reinweiße Blüten mit fruchtigem Duft, einfach zauberhaft. Die fast immergrüne, sehr stark wüchsige Kletterpflanze mit hellgrünem Laub eignet sich gut zum Überwachsen, ob von abgestorbenen Bäumen oder wenig attraktiven Gebäuden.

Höhe: 6–9 m.

Blütenfarbe: Weiß.

Pflegetipp: 'Halliana' verträgt zwar volle Sonne, fühlt sich aber im Halbschatten wohler und ist dort nicht anfällig für Blattläuse.

Lonicera periclymenum 'Graham Thomas' Wald-Geißblatt

DD   S

Besonders intensiv ist der Honigduft der cremeweißen Blüten an einem lauen Sommerabend. Im Verblühen nehmen sie einen Gelbton an, danach erscheinen leuchtend rote, sehr dekorative Früchte. Aber Vorsicht, sie sind giftig wie auch die Beeren von anderen Sorten. Dieses Geißblatt lässt sich sehr gut auch in einem Topf kultivieren.

Höhe: Bis 6 m.

Blütenfarbe: (Creme-)Weiß.

Pflegetipp: Ein jährlicher Rückschnitt gleich nach der Blüte lässt die jungen Triebe kräftig werden.

Lonicera periclymenum 'Graham Thomas' duftet ebenfalls nach Honig.

Mahonia aquifolium bringt zu Beginn des Frühlings einen intensiven Honigduft in den Garten.

• Madonnenlilie → *Lilium candidum*

Magnolia sieboldii
Magnolie

DD ❄ 🌸F/S ◐◑ ❄
Eine exotische Schönheit mit fruchtigem Duft, an Zitrone erinnernd. Dieser breitwachsende Baum hüllt sich vom Spätfrühling bis weit in den Sommer hinein in schneeweiße Blüten. Er ist laubabwerfend und winterhart. Etwas ganz Besonderes aus dem fernen Asien.
Höhe: 8–12 m.
Blütenfarbe: Weiß.
Pflegetipp: Sie verträgt alkalische Erde gut, solange sie feucht ist.

Mahonia aquifolium 'Smaragd'
Mahonie

DD ❄ 🌸W/F ◐ ❄
Herrlich nach Honig duften die leuchtend gelben Blütentrauben dieses Frühlingsblühers. Große, schwarze Früchte und eine schöne Winterfärbung der sonst leuchtend grünen Blätter sind ein zusätzlicher Aspekt. Es gibt auch niedriger wachsende Arten wie **M. pumila** oder **M. repens,** die sich gut als Bodendecker einsetzen lassen.
Höhe: 30–60 cm.
Blütenfarbe: Gelb.
Pflegetipp: Der Boden sollte nicht zu trocken sein, dann hält sich auch der leidige Mehltau in Grenzen.

• Maiglöckchen → *Convallaria*

Matthiola incana
Garten-Levkoje

DDD ❄ 🌸s ○
In der Wärme der Sommersonne verbreiten diese nostalgischen Pflanzen einen umwerfenden Duft, der bis in den Abend hinein anhält. In vielen Farben blühend – ungefüllt oder gefüllt, für jeden Geschmack etwas. Sie werden einjährig aus Samen gezogen.

Magnolia sieboldii mit duftenden weißen Blütenschalen.

Höhe: 30–60 cm.
Blütenfarben: Weiß, Rosa, Rot, Lila und Gelb.
Pflegetipp: Gut durchlässige Erde und ein geschützter Standort bekommen ihr am besten.

Matthiola incana, die Levkoje – ohne sie ist ein Duftgarten unvollkommen.

___

Matthiola longipetala
ssp. *bicornis*
Levkoje

DDD   S

Diese Levkoje ist etwas für Nachtschwärmer mit ihrem intensiven Gewürznelkenduft am Abend. Die Blüten sind eher unscheinbar, sie verausgaben sich beim Duft. Sie ist einjährig, sät sich aber immer wieder selbst aus.

Höhe: Bis 30 cm.
Blütenfarben: Weiß mit grünlichem Schimmer, Rosa und Lila.
Pflegetipp: An einer windgeschützten, sonnigen Mauer, die die Wärme am Abend abgibt, kann sich der Duft am besten entfalten.

___

Mentha × piperita
Pfefferminze

DD   F/S/H

Aromatisch und frisch duften die Blätter der Pfefferminze. Die kleinen, mauvefarbenen Blüten spielen kaum eine Rolle. Da diese Minze sehr stark wuchert, ist sie am besten in einem schönen Topf aufgehoben. Im Beet lässt sich ihr Ausbreitungsdrang durch einen Plastiktopf ohne Boden einschränken. Die Blätter der Sorte '**Mitcham**' leuchten in der Sonne purpurrot. Probieren Sie einmal gezuckerte Erdbeeren mit frischer Minze. Bild siehe Seite 10.

Höhe: 30–60 cm.
Blütenfarbe: Lila.
Pflegetipp: Die Erde sollte feucht und mager sein. Ein ständiges Ernten lässt die Pflanzen buschiger und hübscher werden.

- Miniatur-Stiefmütterchen
  → *Viola*
- Mutterkraut → *Tanacetum*

___

Myrrhis odorata
Süßdolde

D   F

Nach Honig duftende, cremeweiße Blütendolden und hellgrünes, farnähnliches Laub, das einem Salat einen raffinierten Geschmack verleiht: nach Anis. Noch nicht genug: der unreife, grüne Samen schmeckt nach Lakritz. Diese Staude fühlt sich im Halbschatten wohl und bevorzugt einen feuchten Standort. Sie eignet sich sehr gut für einen naturbelassenen Garten und ist ein Eldorado für die Bienen.

Höhe: Bis 1 m.
Blütenfarbe: Weiß.
Pflegetipp: Die Blätter werden vom Frühling bis zum Spätsommer geerntet. Besonders aromatisch sind sie, wenn man die Blütentriebe entfernt, sobald sie erscheinen.

- Nachtviole → *Hesperis*

Myrrhis odorata, eine in allen Teilen essbare Duftstaude.

Duftende Narzissen kaschieren bei mir im Garten auf das Anmutigste die noch kahlen Triebe der Rosen. Diese wiederum verdecken später das unschöne einziehende Laub der Narzissen.

Narcissus poeticus, die Dichternarzisse, mit ihrer schlichten Eleganz.

Narcissus poeticus
Dichternarzisse

DD F
Wunderbar süß duften die schneeweißen Blüten mit gelber Krone und leuchtend rotem Rand. Sie besticht durch ihre schlichte Eleganz. Die Dichter wussten schon, wem sie ihre Gunst gaben. Am hübschesten wirken Dichternarzissen in dicken Tuffs gepflanzt. Duftende Narzissen, geeignet für die Treiberei: siehe Seite 44.
Höhe: Bis 35 cm.
Blütenfarbe: Weiß mit Rot und Gelb.
Pflegetipp: Sie fühlen sich in neutralem bis saurem Boden wohl, also auch zwischen Rhododendren und anderen Moorbeetpflanzen. Siehe auch *Narcissus jonquilla*.

Narcissus jonquilla
Jonquille

DD F
Eine Frühlingswiese voller goldgelber Jonquillen – ein Augenschmaus und nicht zuletzt ein süß-blumiges Dufterlebnis. Die kleinen Blüten, nur 3 cm im Durchmesser, erscheinen bis zu fünft an einem Stängel. Sie wirken nur in der Menge und eignen sich bestens zum Verwildern.
Höhe: Bis 30 cm.
Blütenfarbe: Gelb.

Pflegetipp: Schneiden Sie die Blätter der verblühten Pflanzen nicht ab, solange sie noch grün sind. Narzissen sollten, wie alle Zwiebelpflanzen, die Möglichkeit haben, ihr Laub einzuziehen. Sie brauchen das zur Ernährung ihrer Zwiebeln und werden es in den nächsten Jahren durch üppiges Blühen danken. Das gilt auch für die Pflanzung im Rasen. Jonquillen mögen leicht alkalischen Boden. Sie werden im September gepflanzt, eineinhalbmal so tief, wie sie hoch sind.

Narcissus 'Sweetness'
Narzisse (Jonquillen-Hybride)

DD F
Eine goldgelbe Blüte mit intensivem, süß blumigem Duft, wie der Name schon sagt. Durch ihre festen Stiele eignet sie sich ausgezeichnet als Schnittblume.
Höhe: Bis 40 cm.

Nemesia 'Fragrant
Cloud' macht ihrem
Namen alle Ehre.

Blütenfarbe: Gelb.
Pflegetipp: Siehe *Narcissus jonquilla.*

• Nelken → *Dianthus*

Nemesia 'Fragrant Cloud'
Nemesie

DD✿ ❀F/S/H ○
Wie könnte eine »Duftwolke«
anders duften als himmlisch?
Die kleinen, zartrosa Blüten dieser Einjährigen haben einen
süßen, blumigen Duft und erfreuen uns damit vom Mai bis
zum ersten Frost. Entzückend
für die Randbepflanzung einer
Rabatte, aber auch ein Gewinn

für jeden Balkonkasten. Siehe
Seite 32.
Höhe: Bis 50 cm.
Blütenfarbe: Rosa.
Pflegetipp: Leicht saure Erde
und reichliches Wässern
während Trockenperioden dankt
sie mit üppigem Blühen.

Nepeta sibirica
Katzenminze

DD✿ ❀S/H ○ ❄❄
Nicht nur Katzen scheinen diesen aromatisch würzigen Duft
zu lieben, auch für die Nase des
Menschen ist er äußerst angenehm. Die lavendelblauen Blü-
tenstände duften zwar nicht,

sehen aber in einer Rabatte
sehr hübsch und natürlich aus.
Höhe: Bis 90 cm.
Blütenfarben: Lila, Gelb und
Rosa.
Pflegetipp: Sie liebt Sonne
und ein ziemlich trockenes, ge-
schütztes Plätzchen.

• Orange → *Citrus*
• Orangenblume → *Choisya
  ternata*

Origanum vulgare
Oregano

DD✿✿ ❀S/H ○ ❄
Aromatisch und würzig duften
das dunkelgrüne Laub und
die Blüten, die vom Sommer
bis zum Herbst erscheinen.
Sie variieren in ihrer Farbe von
kräftig Rosa bis Weißlich.
Die Blüten werden von den
Bienen geliebt, und wir Menschen schätzen die getrockneten Blätter als leckeres Pizza-
gewürz.
Höhe: 30–60 cm.
Blütenfarbe: Verschiedene
Weiß- und Rosatöne.
Pflegetipp: Ein magerer, durchlässiger, leicht alkalischer
Boden bekommt ihm am bes-
ten. Im Frühling werden die
alten Triebe zurückgeschnitten.

Origanum ist ein leckeres Gewürz.

Osmanthus × *burkwoodii*
Duftblüte

DD✿ ✾F ○ ❄

Sie heißt zu Recht Duftblüte, verwandelt sie sich doch während des ganzen Frühlings in eine Wolke aus Honig. Die kleinen, weißen Blütchen und das dichte, immergrüne Laub lassen diesen Strauch auch in einem großen Tontopf sehr attraktiv aussehen. Einen geschützten, sonnigen Standort weiß sie zu schätzen. Bild siehe Seite 16.
Höhe: Bis 2 m.
Blütenfarbe: Weiß.
Pflegetipp: Nährstoffreiche, gut durchlässige Erde, die während des Wachstums sehr feucht gehalten wird, ist ideal.

Passiflora caerulea
Passionsblume

D✿ ✾S ◐ ❄

Einen weichen, fremdartigen Duft können die interessanten Blüten der Passionsblume von sich geben, wenn man die richtige Sorte wählt. Bei den weißen Blüten von **'Constance Elliott'** ist der Duft besonders wahrnehmbar. Man muss nicht traurig sein, dass die einzelne Blüte nur zwei Tage hält, es öffnen sich unermüdlich neue. Diese Kletterpflanze ist sehr starkwüchsig, und nur in ganz geschützten Lagen ist sie bei milden Temperaturen winterhart. Immerhin hat sie bei mir bereits den dritten Winter gut durchgehalten.

Höhe: Bis 5 m.
Blütenfarben: Lila und Weiß
Pflegetipp: Lockeren, aber nährstoffreichen Boden, viel Feuchtigkeit und Schutz vor kalten Winden sollte man der Passionsblume gönnen. Hat man sie ausgepflanzt, ist ein dicker Winterschutz im Wurzelbereich unbedingt erforderlich.

Pelargonium
Duftpelargonien

D✿ ✾F/S/H/W ◐ ❄

Das Laub kann je nach Art und Sorte die unterschiedlichsten Düfte aufweisen: fruchtig nach Orangen **('Prince of Orange')**, aromatisch nach Minze **('Joy Lucille')** oder blumig wie eine

Passiflora caerulea 'Constance Elliott', exotisch in Duft und Aussehen.

Rose **(P. graveolens)**. Selbst Duftrichtungen nach Muskat und Zimt kommen vor. Die zierlichen, kleinen Blüten sind zwar entzückend, spielen aber eine untergeordnete Rolle. Duftpelargonien sind nicht winterhart und sollten einen hellen und luftigen Standort haben. Nicht zu verwechseln mit Geranien.

Höhe: 20–50 cm.

Blütenfarben: Weiß, Rosa und Lila.

Pflegetipp: Hält man sie bei 7–10 °C, können sie auch im Winter blühen. Sonst werden sie um zwei Drittel zurückgeschnitten.

• Pfefferminze → *Mentha*

Pelargonium graveolens mit deutlichem Rosenduft.

Phacelia campanularia

D **❀**s ○

Einmal eine leuchtend blaue Blüte, die duftet, und zwar nach Honig. Die Bienen wissen das zu schätzen und wir auch. Aber selbst das interessante Laub dieser Einjährigen duftet aromatisch. In einer Rabatte oder einem naturbelassenen Garten ein hübscher Blickfang: vom Frühling bis zum Sommer.

Höhe: 15–30 cm.

Blütenfarbe: Blau.

Pflegetipp: Gut durchlässige Erde, die ruhig etwas steinig sein darf, ist hier ideal.

Philadelphus 'Manteau d'Hermine' Falscher Jasmin

DD **❀**s

Fruchtig, nach reifen Orangen, duften die reinweißen, gefüllten Blüten und bringen uns im Sommer den Duft des Südens in den Garten. Dies ist die schönste Sorte, die ich kenne, mit ihrem niedrigen, kompakten Wuchs.

Höhe: 75 cm bis 1 m.

Blütenfarbe: Weiß.

Pflegetipp: Während des Wachstums reichlich mit Wasser und Dünger bzw. Kompost versorgen. Allzu viel Feuchtigkeit

Philadelphus, hier eine ungefüllte Sorte.

im Winter bekommt ihm dagegen nicht.

Phlox paniculata Phlox

D **❀**s ○

Ein sommerlicher Bauerngarten ohne den typischen Phloxduft – aromatisch süß, an Gewürznelken erinnernd – ist kaum denkbar. Wahre Blütenpyramiden in den verschiedensten Farben – eigentlich müsste für jeden Geschmack etwas dabei sein. Eine Staude, der ein Sonnenplätzchen gebührt.

Höhe: Bis 1,2 m.

Blütenfarben: Rosa, Lila, Weiß und Rot, auch zweifarbig.
Pflegetipp: Feuchte, satte Erde und ein Ausschneiden der verwelkten Blüten verlängern die Blütezeit.

Pieris japonica
Lavendelheide

D F ❄️

Die eleganten Rispen sehen nicht nur aus wie Maiglöckchen, sie duften auch so. Die weißen Glöckchen erscheinen schon im zeitigen Frühjahr. Es gibt auch rosafarbene Sorten, eine besonders schöne und intensiv duf-

Phlox paniculata 'Bright Eyes' sieht schon »duftig« aus.

tende ist **'Flamingo'. 'Christmas Cheer'** ist für sehr kalte Gegenden zu empfehlen. Interessant und äußerst attraktiv ist der kupferfarbene Blattaustrieb.
Höhe: Bis 3 m.
Blütenfarben: Weiß und Rosa.
Pflegetipp: Dieser interessante Strauch braucht, um gut zu gedeihen, den gleichen sauren Boden wie Rhododendron.

Polianthes tuberosa
Tuberose

DDD H ◯ ❄️

Schwer und süß, exotisch und berauschend – anders lässt sich

der Duft nicht beschreiben. Etwas Intensiveres an Duft können wir uns nicht in den Garten holen – allerdings nur im Topf. Die reinweißen, wachsartigen Blüten erscheinen als Ähre am Ende des Blütenstiels erst im Spätsommer. Die Sorte **'The Pearl'** hat besonders schöne, halbgefüllte Blüten. Eine exotische Rarität. Bild siehe Seite 46.
Höhe: Bis 60 cm.
Blütenfarbe: Weiß.
Pflegetipp: Die Knollen werden im Frühjahr gepflanzt und können in ihren Töpfen ab Mai ins Freie gestellt werden. Bis die ersten Blätter zu sehen sind, darf nicht gegossen werden. Danach wird mäßig gegossen und alle zwei Wochen gedüngt. Die Blüte erscheint ungefähr fünf Monate nach der Pflanzung. Sie brauchen den wärmsten und sonnigsten Platz, um ihre ganze Schönheit zu entfalten.

Tuberosen schaffen es in unserem Klima nur selten, im nächsten Jahr wieder zu blühen. Durch ihre späte Blütezeit brauchen sie eigentlich einen langen, sonnigen, sehr warmen Herbst, um auszureifen. Seien Sie nicht traurig: Neue Knollen sind erschwinglich.

Prunus 'Jo-nioi'
Japanische Zierkirsche

DD F ○

Im Frühling hüllt sich diese Zierkirsche in eine Duftwolke. Allein optisch wäre sie schon ein Genuss, hinzu kommt der aromatische Duft, wenn sich aus den pinkfarbenen Knospen die schalenförmigen weißen Blüten öffnen. Etwas Besonderes für einen großen Garten.

Höhe: Bis 10 m.
Blütenfarbe: Weiß.
Pflegetipp: Feucht und gut durchlässig muss die Erde sein. Ein Rückschnitt erfolgt am besten nach der Blüte.

Rhododendron 'Irene Koster' mit auffällig süßem Duft.

Rhododendron occidentale 'Irene Koster'
Rhododendron

DD F/S ◑

Duftende Rhododendren sind die Ausnahme. Die rosafarbenen Blüten – mit dunkleren und gelben Schattierungen – dieser Sorte duften jedoch blumig süß. Der Strauch wirft im Winter das Laub ab, sein Wuchs ist locker und aufrecht, und die Blütezeit ist relativ lang (ca. drei Wochen). Seine Winterhärte wird mit −25 °C angegeben.

Höhe: Bis 1,6 m.
Blütenfarbe: Rosa und Gelb.
Pflegetipp: Rhododendren lieben lockeren, humusreichen, sauren Boden. Stehende Nässe und Luftmangel im Wurzelbereich vertragen sie gar nicht. Sie sollten genau so tief oder höchstens 3 cm tiefer gepflanzt werden, als sie in der Anzucht gestanden haben. Im lichten Schatten unter großen Bäumen fühlen sie sich wohl.

Rhododendron viscosum-Hybride 'Soir de Paris'
Knap-Hill-Azalee

DD F/S ○◑

Schon des Namens wegen muss ich diese Sorte hier aufführen.

Und wenn die Blüten nur halb so intensiv duften wie das alte gleichnamige Parfum, trägt sie ihren Namen zu Recht. Der Duft entwickelt sich am besten bei warmer Witterung. Schönes, silbrigblaues Laub und vollkommen winterhart (bis −30 °C).

Höhe: 1,2–1,6 m.
Blütenfarbe: Rosa mit dunklen Streifen.
Pflegetipp: Wie bei *Rhododendron occidentale* 'Irene Koster', aber anpassungsfähiger an weniger günstige Böden und auch für sonnige Standorte geeignet.

Rhododendron viscosum 'Sommerduft'
Rhododendron

DD S ◑

Überraschend süß und blumig ist der Duft der Blütensterne, wenn sie im Juli nach dem Laub erscheinen. Das Laub hat ein frisches Grün, die Winterhärte dieses Strauchs wird mit −24 °C angegeben.

Höhe: Bis 1 m.
Blütenfarbe: Weiß mit einem leichten Hauch von Rosa
Pflegetipp: Wie bei *Rhododendron occidentale* 'Irene Koster'.

Rhododendron 'Raimunde', attraktiv in Duft und Farbe.

Rosa 'Abraham Darby'
Englische Rose

DD ❄ ✿ S/H ◯ ❄

Fruchtig herber Duft und schalenförmige, locker gefüllte Blüten in einer Mischung aus Rosa und Gelb – ein Pfirsichrosa auf der Innenseite der Blütenblätter und ein helles Gelb außen. Englische Rosen verbinden den Charme und Duft der Alten Rosen mit den Vorzügen der modernen Rosen – wie Öfter-blühen und eine größere Farbpalette, die auch dunkles Rot, Gelb und Apricottöne umfasst. Ihre Wuchsform ist ein natürlicher Strauch. Deshalb sind sie gut geeignet für die Kombination mit anderen Pflanzen in einer Rabatte.

Höherwüchsige Sorten lassen sich ausgezeichnet als niedrige Kletterrosen ziehen.

Höhe: Bis 1,5 m.
Blütenfarbe: Rosa und Hellgelb.
Pflegetipp: Alle Rosen lieben

Rhododendron 'Raimunde'
Knap-Hill-Azalee

DD ❄ ✿ S ◐ ❄

Der kräftige Rosaton und der angenehm blumige Duft dieser Blütenfülle im Frühsommer sind schon etwas Besonderes. Bei warmer Witterung, die ja im Juni wahrscheinlich ist, ist der Duft umso deutlicher. 'Raimunde' ist eine sehr ansprechende Züchtung von H. Hachmann, ihre Winterhärte wird mit –30 °C angegeben.

Höhe: Bis 1,5 m.
Blütenfarbe: Rosa.
Pflegetipp: Wie bei *Rhododendron viscosum*-Hybride 'Soir de Paris'.

'Abraham Darby', eine Züchtung von David Austin aus dem Jahr 1985.

Damit öfterblühende Rosen auch wirklich öfter blühen, müssen die welken Blüten regelmäßig abgeschnitten werden. Vor allem Sorten, die Hagebutten ansetzen, werden sonst zu einmalblühenden Rosen. Leider funktioniert das nicht umgekehrt bei den Einmalblühenden.

einen offenen, luftigen Standort, humusreichen, lehmigen Boden und Sonne. Das sind Voraussetzungen für gesunde Pflanzen. Je weniger Chemie bei der Rosenpflege eingesetzt wird, desto besser. Denn der wunderbare, nostalgische Duft würde auf jeden Fall darunter leiden.

'Blanc Double de Coubert' mit einem Duft zum Träumen.

Rosa 'Apricot Parfait' (= 'Evelyn') Englische Rose

DD   S/H ○ ✻

Nicht nur die Blütenfarbe – ein Apricotgelb – sondern auch der Duft werden ihrem Namen gerecht: fruchtig, an frische Aprikosen erinnernd. Eine der am intensivsten duftenden Englischen Rosen mit besonders großen Blüten, in Schalenform und locker gefüllt. Öfterblühend. Bild siehe Seite 20.
Höhe: Bis 90 cm.
Blütenfarbe: (Apricot-)Gelb.
Pflegetipp: Wie bei 'Abraham Darby'.

Rosa 'Belle de Crécy' Gallica-Rose

DD   S ○ ✻

Rosenduft mit Honignote, einmal etwas anderes. Auch die Farbe der gefüllten Blüten hebt sich von den anderen Rosen ab – anfangs ein Kirschrosa mit lila Zeichnungen, das sich bald in einen weichen, müden Lilaton verwandelt. Sehr hübsch ist ihr ausgeprägtes, grünes Knopfauge in der Mitte der Blüte. Sie blüht in Büscheln und ist fast stachellos! Einmalblühend.

Höhe: Bis 1 m.
Blütenfarbe: Rosa bis Lila.
Pflegetipp: Sie blüht im Sommer fünf bis sechs Wochen lang. Damit die Blüten nicht von den langen neuen (vegetativen) Trieben überwuchert werden, empfiehlt es sich, sie auf Blütenhöhe einzukürzen.

Rosa 'Blanc Double de Coubert' Rugosa-Rose

DD   S+ ○

Wunderbar würzig und süß duftet meine Lieblingsrose. Große, reinweiße, halbgefüllte Blüten mit hauchdünnen Blütenblättern – und trotzdem eine robuste Pflanze mit ihrem rauen, grob gemaserten Laub. Es gibt wenige Rosen, die so leicht zu kultivieren sind und kaum anfällig für Krankheiten. Sie blüht früh und lange und bringt im Herbst eine Nachblüte hervor.
Höhe: Bis 1,5 m.
Blütenfarbe: Weiß.
Pflegetipp: Sie bildet sehr schöne Hagebutten, deshalb sollte sie im Sommer nicht zurückgeschnitten werden. Im Winter oder zeitigen Frühjahr kräftig auf die angegebene Höhe zurückschneiden.

Rosa 'Buff Beauty'
Moschata-Hybride

DD ✳ 🌸 S/H ○ ❄❄
Teerosenduft und halbgefüllte bis gefüllte Blüten in einem Aprikosengelb machen diese Rose zu einem Gewinn für den Garten. Die Blätter treiben rötlich aus, werden dann aber dunkelgrün. Sie blüht von Juni bis zum Herbst und benötigt einen Winterschutz. Öfterblühend.
Höhe: Bis 1,5 m.
Blütenfarbe: Gelb.
Pflegetipp: Wie bei 'Abraham Darby'.

Rosa 'Capitaine John Ingram'
Moos-Rose

DD ✳ 🌸 S ○ ❄❄
Ein intensiver Rosenduft entströmt den samtig purpurfarbe-

'Capitaine John Ingram' mit intensivem Duft.

nen, großen, kugelig gefüllten Blüten. Das rötliche »Moos« an Trieben und Kelch ist sehr hübsch. Einmalblühend.
Höhe: Bis 1,2 m.
Blütenfarbe: Rot.
Pflegetipp: Wie bei 'Belle de Crécy'.

Rosa 'Comte de Chambord'
Portland-Rose

DD ✳ 🌸 S+ ○ ❄❄
Süß und kräftig ist der Duft dieser Alten Rose. Leuchtend rosa, dicht gefüllt und regenunempfindlich – was sollte eine Rosenblüte noch bringen, zumal eine Nachblüte im Herbst dazugehört. Hellgrünes Laub.
Höhe: Bis 1,2 m.
Blütenfarbe: Rosa.
Pflegetipp: Ständiges Ausschneiden verwelkter Blüten fördert eine üppigere Nachblüte.

Rosa 'Duftrausch'
Teehybride

DD ✳ 🌸 S/H ○ ❄❄
Der herrliche Duft könnte uns leicht in einen Rausch versetzen. Sie eignet sich gut zur Bepflanzung geometrischer Beete, und zwar zu mehreren. Öfterblühend.

'Comte de Chambord' – ein herrlicher Duft, und unempfindlich gegen Regen.

Höhe: Bis 1 m.
Blütenfarbe: Rosa mit lila Schattierung.
Pflegetipp: Im Herbst leicht zurückschneiden, um das Anhäufeln zu erleichtern, im Frühjahr auf 10–20 cm zurückschneiden.

Rosa 'Duftwolke'
Teehybride

DD ✳ 🌸 S/H ○ ❄❄
Wunderbar duften die großen, dichtgefüllten Blüten von korallenroter Farbe, die durchaus variieren kann. Manchmal ist sie sehr leuchtend, ein anderes Mal dagegen verschwommen. Das Laub ist dunkelgrün, glänzend und gesund. Eine robuste, dankbare Rose, blühwillig und

'Duftwolke', eine der besten roten Beetrosen und wunderbar duftend.

Rosa 'Graham Thomas'
Englische Rose

DD ❄ ✽ S/H ○ ❄

Frisch und blumig duften die gefüllten Blüten in ihrem außergewöhnlich kräftigen, klaren Gelb. Sie ist eine der beliebtesten Englischen Rosen, denn diese Farbe gibt es bei den Alten Rosen kaum. Das Laub ist glänzend und hellgrün, der Wuchs aufrecht. Öfterblühend.
Höhe: Bis 1,2 m.
Blütenfarbe: Gelb.
Pflegetipp: Wie bei 'Abraham Darby'.

auch gut für die Vase geeignet. Öfterblühend.
Höhe: Bis 60 cm.
Blütenfarbe: Rot.
Pflegetipp: Wie bei 'Duftrausch'.

ideale Rose für eine Rabatte. Öfterblühend.
Höhe: Bis 90 cm.
Blütenfarbe: Weiß.
Pflegetipp: Wie bei 'Abraham Darby'.

Rosa 'Glamis Castle'
Englische Rose

DD ❄ ✽ S/H ○ ❄

Ein herrlicher Myrrheduft und reinweiße, schalenförmige Blüten ganz im Stil Alter Rosen. Es ist erstaunlich, in welcher Fülle und Kontinuität die Blüten an den dünnen Zweigen hervorgebracht werden. Durch ihren lockeren Wuchs ist sie die

Rosa 'Guinée'
Kletterrose

DD ❄ ✽ S+ ○ ❄

Voller Rosenduft, große, gefüllte Blüten in tiefem, samtigem

'Graham Thomas', die wohl bekannteste gelbe Englische Rose.

Rot, aus dem die goldfarbenen Staubgefäße vorwitzig herausschauen, schönes Laub und kräftiger Wuchs – kann man von einer Kletterrose mehr erwarten? Vor einem hellen Hintergrund kommt sie am besten zur Geltung. Im Spätsommer blüht sie ein zweites Mal.

Höhe: Bis 4,5 m.

Blütenfarbe: Rot.

Pflegetipp: Sie setzt Hagebutten an, und ihre Nachblüte hängt davon ab, in welchem Maße die verwelkten Blüten abgeschnitten werden. Ich würde beim ersten Flor die verwelkten Blüten entfernen, beim zweiten Flor Hagebutten bilden lassen.

'Ispahan' blüht und duftet über eine relativ lange Zeit von sechs Wochen.

Rosa 'Ispahan'
Damascena-Rose

DD ❁ ❀s ○ ❄

Hier haben wir einmal einen zitronigen Duft von einer Blüte in warmem Rosa. Sie ist auffallend schön – dicht gefüllt und becherförmig erscheinen ihre Blütenbüschel über eine lange Zeit. Überhängender Wuchs mit leuchtend grünem Laub. Einmalblühend.

Höhe: Bis 1,5 m.

Blütenfarbe: Rosa.

Pflegetipp: Wie bei 'Belle de Crécy'.

Rosa 'Königin von Dänemark'
Alba-Rose

DD ❁ ❀s ◑ ❄

Eine wunderschöne Alte Rose mit herrlichem Rosenduft. Die gefüllten, dunkelrosa Blüten unterstreichen noch ihre nostalgische Wirkung. Sie braucht liebevolle Pflege, um ihre ganze

'Königin von Dänemark' mit aristokratischen Blüten.

Schönheit zu entfalten. Einmalblühend.
Höhe: Bis 1,5 m.
Blütenfarbe: Rosa.
Pflegetipp: Wie bei 'Belle de Crécy'.

Rosa 'Margaret Merril'
Floribunda-Rose

 D S/H

Die zartrosa getönten Knospen öffnen sich zu weißen Blüten mit einem gelblichrosa Schimmer und herrlichem Duft. Sie blüht unermüdlich. Das glänzende Laub ist sehr dekorativ. Öfterblühend.
Höhe: Bis 50 cm.
Blütenfarbe: Weiß mit gelblich rosa Schimmer.
Pflegetipp: Wie bei 'Duftrausch'.

Rosa 'Mme Isaac Pereire'
Bourbon-Rose

 DD S+

Mit ihrem deutlichen Himbeerduft ist sie eine der am intensivsten duftenden Alten Rosen. Ihre leuchtend rosarote, sehr große, dichtgefüllte Blüten erscheinen bis in den Herbst hinein. Die Blütenblätter biegen sich an den Rändern auf anmutigste Weise zurück. Auch das Laub ist groß und erscheint an kräftigen Trieben. 'Mme Isaac Pereire' eignet sich gut als kleine Kletterrose. Einmalblühend mit Nachblüte.
Höhe: Bis 2 m.
Blütenfarbe: Rosa.
Pflegetipp: Wie bei 'Comte de Chambord'.

'Margaret Merril' mit prominenten Staubgefäßen.

'Mme Isaac Pereire', eine Rose aus dem 19. Jahrhundert, mit der Farbe und dem Duft von Himbeeren.

'Mrs John Laing' wirkt sehr feminin.

Rosa 'Mrs John Laing'
Remontant-Rose

DD  S+
Ein wunderbar blumiger Duft
und große, dichtgefüllte Blüten in Silbrigrosa verleihen dieser Rose ihren Charme. Wie der
Gruppenname sagt, bringt sie
eine Nachblüte hervor, die
auch sehr schön ist. Grau-
grünes Laub ist der gelungene
Hintergrund für diese Blütenfülle. Sie blüht und duftet auch
in einem verregneten Sommer
sehr willig, was längst nicht
selbstverständlich ist.
Einmalblühend mit Nachblüte.
Höhe: Bis 2 m.
Blütenfarbe: Rosa.
Pflegetipp: Wie bei 'Comte de
Chambord'.

Rosa 'Papa Meilland'
Teehybride

DD   S/H
Kräftiger Rosenduft und ein
dunkles, samtiges Rot zeichnen
diese bekannte Rose aus. Spit-
ze Knospen öffnen sich zu edel
geformten Blüten. Sie ist die
perfekte rote Rose. Öfterblühend.
Höhe: Bis 1 m.
Blütenfarbe: Rot.
Pflegetipp: Wie bei 'Duftrausch'.

Rosa 'Paul's Himalayan Musk'
Rambler-Rose

DD   S
Mit ihrem aromatisch warmen
Duft, an Moschus erinnernd, ist
sie mit ihren lockeren Rispen
aus gefüllten, kleinen, zartrosa
Blüten eine der schönsten
Rambler-Rosen. Sie blüht ein-
mal, aber in welcher Fülle!
Ideal, um in Bäume zu klettern.
Bild siehe Seite 19.
Höhe: Bis 10 m.
Blütenfarbe: Rosa.
Pflegetipp: Sie braucht keinen
Rückschnitt bis auf das Einkür-
zen der langen, neuen Triebe.
Als »Starthilfe« wird sie am
Baumstamm festgebunden.
Schon bald findet sie ihren Weg
in die Baumkrone allein.

Rosa 'Princess of Wales'
Remontant-Rose

DD   S+
Der wunderbare Rosenduft und
die gefüllten, halbkugeligen
Blüten in einem Weiß-Rosa-Ton
lassen diese Rose sehr feminin
wirken. Der Strauch ist dennoch
robust und blüht im Herbst
nach. Einmalblühend mit Nachblüte.
Höhe: Bis 1,5 m.
Blütenfarbe: Weiß mit Rosaton.
Pflegetipp: Wie bei 'Comte de
Chambord'.

Rosa 'Tour de Malakoff'
Zentifolie

DD   S
Intensiv duften die Blüten in
Schattierungen von Purpur bis
Violettgrau. Sie sind locker
gefüllt, und das grüne Auge in
der Mitte gibt ihnen einen

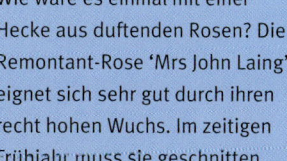

Wie wäre es einmal mit einer
Hecke aus duftenden Rosen? Die
Remontant-Rose 'Mrs John Laing'
eignet sich sehr gut durch ihren
recht hohen Wuchs. Im zeitigen
Frühjahr muss sie geschnitten
werden.

'Tour de Malakoff' – nicht nur der Duft, auch das Spiel ihrer Farben ist sehr reizvoll.

Höhe: Je nach Sorte bis 1,5 m.
Blütenfarbe: Blau.
Pflegetipp: Gut durchlässiger, magerer Boden und ein Formschnitt nach der Blüte.

Salvia officinalis
Salbei

DD s ◯◐ ❄
Aromatisch frisch duften und schmecken die graugrünen, samtigen Blätter, sicherlich vielen aus der italienischen Küche bekannt. Der immergrüne Halbstrauch schmückt sich im Sommer mit blaulila Blüten. – Es gibt auch Salbei-Arten und -Sorten mit farbigem Laub und mit Blüten in Weiß und Rot. Die Sorte **'Tricolor'** hat Blätter in Weiß, Rosa und Grün; und bei **S. elegans** **'Scarlet Pineapple'** mit ihren leuchtend roten Blüten duftet das Laub nach Ananas. Sehr hübsch in einem Kräuterbeet, aber auch in einer Rabatte.
Höhe: Bis 70 cm.
Blütenfarben: Lila, Weiß und Rot.
Pflegetipp: Ein leichter, gut durchlässiger Boden und ein Schutz vor kalten, austrocknenden Winden sind wichtig für gutes Gedeihen.

besonderen Reiz. Sie wächst locker und überhängend. Einmalblühend.
Höhe: Bis 2 m.

Rosmarin mit seinem Duft des Südens.

Blütenfarbe: Purpurrot.
Pflegetipp: Wie bei 'Belle de Crécy'.

Rosmarinus officinalis
Rosmarin

DD ❀F ◯ ❄❄
Der würzige Duft der schmalen, lederartigen, dunkelgrünen Blätter ruft die Erinnerung an Sonne, Wärme und Mittelmeer hervor. Eine auch bei uns winterharte Sorte ist **'Miss Jessopp's Upright'** mit zartblauen Lippenblütchen. Rosmarin wirkt sehr hübsch an einem Platz, wo er sich über die Begrenzung, z. B. über einen Weg, ausbreiten kann.

Höhe: Bis 50 cm.
Blütenfarbe: Weiß.
Pflegetipp: Völlig problemlos in feuchter Erde. Nach der Blüte zu einer hübschen Form schneiden.

Satureja montana
Bohnenkraut

DD s ○ ❄
Aromatisch und würzig duften die winzigen Blätter des Bohnenkrauts. An einem warmen Sommertag ein Genuss in einem Duftbeet, selbst in einem Rosenbeet, auch ohne dass man ein begeisterter Koch ist. Zart-

Salbei sollte in keinem Kräutergarten fehlen.

Sarcococca
hookeriana var. humilis
Fleischbeere

DDD   w
Ein überwältigender Honigduft entströmt den Büscheln winziger, weißer Blüten – und das mitten im Winter. Der immergrüne, ansonsten unscheinbare kleine Strauch mit seinen schmalen Blättern hat seine »Hochzeit« von Dezember bis März, eine Zeit, in der wir Düfte besonders schätzen. Abbildung siehe Seite 25.

Satureja montana, einmal eine andere Bepflanzung für einen Balkonkasten.

Fliederwolken im Mai sind ein Traum – auf einem Hochstamm jedoch nicht realisierbar. Ich habe mich vergeblich bemüht: Entweder ist die Krone wohlgestaltet, blüht aber kaum, oder sie blüht herrlich – doch über die Form reden wir lieber nicht.

lila oder weiße Blüten sind eine hübsche Zugabe.

Höhe: Bis 40 cm.
Blütenfarben: Lila und Weiß.
Pflegetipp: Im Frühjahr altes, trockenes Holz entfernen.

- Scheinhasel → *Corylopsis*
- Schmetterlingsstrauch → *Buddleja*
- Schneeball → *Viburnum*
- Seidelbast → *Daphne*

Skimmia japonica
Skimmie

D F

Herrlich blumig duften die Rispen winziger weißer Blüten schon im zeitigen Frühling. **'Fragrans'** ist eine männliche Pflanze und trägt somit keine Früchte. Skimmien sind beliebt wegen ihres Duftes, ihres attraktiven, immergrünen Laubes und ihrer Früchte. **'Veitchii'** ist

eine weibliche Pflanze mit sehr schönen Früchten, allerdings nur, wenn auch eine männliche Pflanze in der Nähe ist.
Höhe: 1 m.
Blütenfarbe: Weiß.
Pflegetipp: Ein halbschattiger oder schattiger Standort in saurem Boden ist ihr am liebsten. Zu viel Sonne und trockener Boden führen leicht zu Chlorose.

- Steinkraut → *Lobularia maritima*
- Sterngladiole → *Gladiolus*
- Sternjasmin → *Trachelospermum*
- Süßdolde → *Myrrhis*

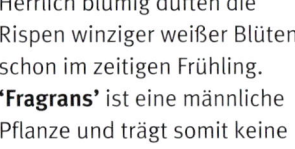

Syringa vulgaris
Flieder

DD F ○

In seiner vollen Pracht durchtränkt der Fliederstrauch mit seinem unvergleichlichen Duft die Frühlingsluft. Ob in Dunkelpurpur wie **'Andenken an Ludwig Späth'**; Hellrosa (**'Josiflexa Bellicent'**); Lila und gefüllt (**'Michel Buchner'**); Weiß und gefüllt (**'Mme Lemoine'**) oder sogar in Cremegelb (**'Primrose'**) – es dürfte für jeden Geschmack etwas dabei sein. – Mit märchenhaftem Duft schmücken sich die Sorten der neuen Mär-

Ein Duftgarten ohne Flieder – kaum vorstellbar!

Tanacetum, ein entzückendes »Unkraut«.

chen-Serie: **'Schneeweißchen'** (mit schneeweißer, überreicher Blüte); **'Rosenrot'** (mit leuchtend rosafarbenen Blüten und rötlicher Herbstfärbung der Blätter); und **'Sterntaler'** (mit dunkelgelben Knospen und zartgelber Blüte).
Höhe: Bis 5 m.
Blütenfarben: Lila, Weiß, Rosa, Rot und Gelb.
Pflegetipp: Bei jungen Pflanzen ist es ratsam, die verwelkten Blüten zu entfernen, bevor sie Samen angesetzt haben. Flieder verträgt einen starken Verjüngungsschnitt nach der Blüte.

• Taglilien → *Hemerocallis*

Tanacetum parthenium
Mutterkraut

DD S/W ○
Aromatisch und scharf ist der Duft des Mutterkrauts. Hier ist es wiederum das Laub, das den Duft liefert – nicht die entzückenden, kleinen Blüten, die wie Mini-Margeriten aussehen. Eine buschige, hübsche Pflanze, die als Einjährige gezogen wird, sich aber emsig selbst versamt. Die Blüten erfreuen von Juli bis in den Dezember. Sehr zu empfehlen für den Rand einer Rabatte und ein Blickpunkt im winterlichen Kräutergarten. Die Sorte **'Snowball'** hat dicht gefüllte Blütenköpfchen.

Höhe: Bis 40 cm.
Blütenfarbe: Weiß.
Pflegetipp: Bevorzugt sandigen Boden, ist aber auch mit einem anderen Boden zufrieden, solange er nicht zu schwer und zu nass ist.

Thymus serpyllum
Thymian

DD S ○ ❄
Was wäre ein Duftgarten ohne den typischen, aromatisch-würzigen Thymianduft, den uns die Blättchen schenken? Im Sommer schmückt er sich noch mit purpurfarbenen Blütchen, es gibt aber auch Sorten mit

Thymian wirkt nicht nur im Kräuterbeet, sondern auch auf Steinen sehr anmutig.

Trachelospermum jasminoides in voller Blüte. Durch die gedrehten Blütenblätter erinnert die Blüte an kleine Windmühlrädchen.

Veilchenbowle

Eine Hand voll Veilchenblüten mit einem Glas Weinbrand übergießen. Nach etwa 15 Minuten 2 Flaschen leichten Wein und den Saft einer Orange hinzugeben. Eventuell etwas vorher in Wein aufgelösten Zucker zufügen. 3–4 Stunden ziehen lassen und vor dem Servieren mit 1 Flasche Mineralwasser oder Sekt auffüllen.

weißen Blüten wie **'Snow Drift'**, auch einen Thymian, dessen Laub nach Zitrone duftet: **T. citriodorus,** z. B. die Sorten **'Silver Queen'** und **'Golden King'.**
Höhe: Bis 40 cm.
Blütenfarben: Purpurfarben und Weiß.
Pflegetipp: Nach der Blüte schneiden, um eine kompaktere Form zu erreichen.

Trachelospermum jasminoides
Sternjasmin

DD ❄ ✿ s ◐ ❄
Ein schwerer, süßer Duft aus kleinen, ganz einfachen, weißen Blüten, die unermüdlich im Sommer erscheinen.
Höhe: Bis 3 m.
Blütenfarbe: Weiß.
Pflegetipp: Am besten ist dieser immergrüne Schlingstrauch in einem großen Topf aufgehoben, den man im Winter bei starkem Frost hereinholen kann. Die Pflanze verträgt zwar leichten Frost bis ca. –5 °C, aber nicht darunter.
- Tuberose → *Polianthes tuberosa*
- Vanillestrauch → *Heliotropium*
- Veilchen → *Viola odorata*

Viburnum × bodnantense 'Dawn'
Schneeball, Winter-Viburnum

DD ❄ ✿ w ◐ ❄
Ein bisschen nach Marzipan duften die dunkelrosa Blütenbüschel, die mitten im Winter an den noch kahlen Ästen erscheinen. Nicht nur der herrliche Duft entzückt, auch das Auge kommt auf seine Kosten, besonders wenn die Blüten durch Raureif wie gezuckert aussehen – und das alles in einer tristen Jahreszeit. Schönes, gezähntes Laub, erst bronzefarben, dann grün, mit roter Herbstfärbung.
Höhe: Bis 3 m.

Bei *Viburnum × bodnantense* 'Dawn' sind sogar die Staubgefäße rosa.

Blütenfarbe: Rosa.
Pflegetipp: Feuchte, gut durchlässige Erde und ein Rückschnitt nach der Blüte ist alles,
was er braucht.

Viburnum × burkwoodii
'Anne Russell'
Schneeball

DD F
Den aromatischen Gewürznelkenduft der weißen Blütenbälle
möchte ich in meinem Frühlingsgarten nicht missen. Diese
Sorte hat dunkelgrüne Blätter,
einen lockeren Wuchs, ist wintergrün und duftet besonders
intensiv. Wunderschön als Hintergrund einer Rabatte.
Höhe: Bis 2 m.
Blütenfarbe: Weiß.
Pflegetipp: Saurer bis neutra-
ler Boden. Falls überhaupt, nur
direkt nach der Blüte zurückschneiden.

Viola-Cornuta-Hybride
'Buttercup'
Miniatur-Stiefmütterchen

DD F
Längst nicht alle Miniatur-Stief-
mütterchen duften, was sehr
bedauerlich ist. Dieses aber mit

Viola odorata mit seinem romantischen Duft.

seinen dunkelgelben Blüten
besitzt einen ausgeprägten Vanilleduft. Eine entzückende
Staude mit kompaktem Wuchs.
Höhe: Bis 15 cm.
Blütenfarbe: Gelb.
Pflegetipp: Um die Blütezeit zu
verlängern, verwelkte Blüten
entfernen. Nach der Blüte
zurückschneiden, um kompakten Wuchs zu erzielen.

Viola odorata
Duftveilchen

DD/D Muss ich den romantischen
Duft des Veilchens beschreiben? Für mich ist der Duft der

dunkellila Blüten am intensivsten, vielleicht weil man von
dieser Farbe am ehesten Duft
erwarten wird. Sorten wie
'Princess of Wales' mit großen,
einfachen Blüten, die oft schon
im Herbst erscheinen, oder
'Pamela Zambra' mit purpurblauen Blüten, die wesentlich
später blüht, gehören dazu.
Die weiße Sorte **'Alba'** oder die
rosafarbene **'Coeur d' Alsace'**
haben auch einen angenehmen
blumigen Duft, aber längst
nicht so intensiv.
Hat man einmal Veilchen im
Garten, kann man davon aus-
gehen, dass man immer welche
hat – die fleißigen Ameisen
werden dafür schon sorgen.

Wisteria floribunda hat bis zu 60 cm lange Blütentrauben.

Gibt es einen reizenderen Frühlingsboten?
Höhe: Bis 15 cm.
Blütenfarben: Lila, Weiß und Rosa.
Pflegetipp: Veilchen lassen sich im Frühling oder Herbst leicht teilen.

• Waldmeister → *Galium*

Wisteria
Glyzine, Blauregen

DD/D 🌿 ❀F ○ ❄️

Ein herrlicher Vanilleduft dominiert den Maigarten, wenn man sich für eine Glyzine als Kletterpflanze entscheidet. Am intensivsten ist der Duft bei der **Chinesischen Glyzine *(W. sinensis;*** siehe Bild Seite 14, 50). Die Wirkung des Spektakels erhöht sich bei ihr noch dadurch, dass ihr Blütenmeer vor dem Laub erscheint. **'Black Dragon'** mit ihren halbgefüllten, dunkelpurpurfarbenen Blüten ist vor einer hellen Wand ein kaum zu überbietendes Erlebnis. Aber auch das weiße Blütenmeer von **'Alba'** ist nicht zu unterschätzen. – Bei der **Japanischen Glyzine *(W. floribunda)*** erscheinen die (bis 60 cm) langen Blütentrauben nach dem Blattaustrieb. **'Macrobotrys'** mit blauvioletten und **'Alba'** mit weißen Blüten sind sehr empfehlenswert. Wer Rosa liebt, findet sicher Gefallen an **'Rosea'.** Für das Überwachsen einer Pergola oder als Hochstamm gezogen bietet sich besonders die Japanische Glyzine mit ihren eleganten Blütentrauben an.
Höhe: Bis 8 m und mehr.
Blütenfarben: Lila, Weiß und Rosa.

Pflegetipp: Wichtig ist, dass sie horizontal gezogen und fachmännisch geschnitten wird, damit man schon bei jungen Pflanzen eine üppige Blüte erzielt. Die langen, neuen Triebe im Sommer auf ca. 10 cm einkürzen. Im Winter, wenn alle Blätter abgefallen sind und man sieht, was man tut, wird nochmals auf 3–4 Knospen zurückgeschnitten. Möchte man die Glyzine in einen Baum wachsen lassen – die Chinesische Glyzine eignet sich dafür sehr gut – dann erübrigt sich ein Schnitt. Achtung: Der farblose Saft hinterlässt auf der Kleidung hässliche braune Flecken, die erst nach dem Waschen sichtbar werden und nie wieder herausgehen. Ältere Pflanzen setzen auch in unserem Klima Samen an. Ist man jung genug und hat die nötige Geduld, bis zu 10 Jahre auf eine ungewisse Blüte zu warten, kann man sich seine eigene Glyzine ziehen. Kaufen sollte man sich dagegen eine Sämlingspflanze nicht. Ich weiß, wovon ich spreche (siehe Seite 16).

• Zaubernuss → *Hamamelis*
• Zitrone → *Citrus*

Wisteria sinensis, ▶
wirklich ein Blauregen.

Duftpflanzen von A bis Z				
Botanischer Name/Sorte	**Deutscher Name**	**Duftintensität**[1]	**Duftgruppe**[2]	**Duftzeit**
Brugmansia × candida	Engelstrompete	DD	blumig	S
Buddleja davidii	Schmetterlingsstrauch	D	Honig	S/H
Buxus microphylla	Buchs	D	blumig	F
Choisya ternata	Orangenblume	D	fruchtig, 🌿 aromatisch	F+H
Citrus limon	Zitrone	DD	schwer, 🌿 aromatisch	F/S/H/W
Citrus sinensis	Orange	DD	schwer, 🌿 aromatisch	F/S/H/W
Clematis armandii	Clematis	DD	schwer	W/F
Clematis × triternata	Clematis	D	Vanille	S/H
Clematis montana var. *wilsonii*	Clematis	D	aromatisch	F/S
Convallaria majalis	Maiglöckchen	DD	blumig	F
Corylopsis sinensis	Scheinhasel	D	blumig	F
Daphne mezereum	Seidelbast	DD	aromatisch	W
Daphne odora	Seidelbast	DD	aromatisch	W
Dianthus-Hybriden	Nelken	DD	aromatisch	S
Dianthus barbatus	Bartnelke	DD	aromatisch	S
Erysimum cheiri	Goldlack	DD	aromatisch	F/S
Galium odoratum	Waldmeister	D	🌿 aromatisch	F/S
Gardenia augusta	Gardenie	DD	schwer	S/H
Gladiolus callianthus	Sterngladiole	DD	schwer	H
Hamamelis mollis	Zaubernuss	D	Vanille	W
Heliotropium arborescens	Heliotrop, Vanillestrauch	D	Vanille	S
Hemerocallis	Taglilie	DD	Honig	S
Hesperis matronalis	Nachtviole	DD	aromatisch	S
Hosta 'Royal Standard'	Funkie	D	blumig	S/H
Hyacinthoides non-scripta	Hasenglöckchen	D	blumig	F
Hyacinthus orientalis	Hyazinthen	DD	schwer	F
Hydrangea paniculata 'Kyushu'	Rispenhortensie	D	Honig	S/H
Jasminum officinale	Jasmin	DD	schwer	S
Lathyrus odoratus	Duftwicke	DD	Vanille	S
Lavandula angustifolia	Lavendel	DD	aromatisch, 🌿 aromatisch	S
Lilium candidum	Madonnenlilie	DD	Honig	S
Lilium regale	Königslilie	DD	fruchtig	S
Lobularia maritima	Duftsteinrich	DDD	aromatisch	S
Lonicera × purpusii 'Winter Beauty'	Geißblatt	DD	blumig	W/F
Lonicera japonica 'Halliana'	Geißblatt	DD	fruchtig	F/S
Lonicera periclymenum 'Graham Thomas'	Geißblatt	DD	Honig	S

Duftpflanzen von A bis Z

Botanischer Name/Sorte	Deutscher Name	Duftintensität[1]	Duftgruppe[2]	Duftzeit
Magnolia sieboldii	Magnolie	DD	fruchtig	F/S
Mahonia aquifolium 'Smaragd'	Mahonie	DD	Honig	W/F
Matthiola incana	Levkoje	DDD	aromatisch	S
Matthiola longipetala ssp. *bicornis*	Levkoje	DDD	aromatisch	S
Mentha × *piperita*	Pfefferminze	DD	🐝 aromatisch	F/S/H
Myrrhis odorata	Süßdolde	D	Honig, 🐝 aromatisch	F
Narcissus jonquilla	Jonquille	DD	blumig	F
Narcissus poeticus	Dichternarzisse	DD	blumig	F
Narcissus 'Sweetness'	Jonquillen-Hybride	DD	blumig	F
Nemesia 'Fragrant Cloud'	Nemesie	DD	blumig	F/S/H
Nepeta sibirica	Katzenminze	DD	🐝 aromatisch	S/H
Origanum vulgare	Oregano	DD	aromatisch, 🐝 aromatisch	S/H
Osmanthus × *burkwoodii*	Duftblüte	DD	Honig	F
Passiflora caerulea	Passionsblume	D	aromatisch	S
Pelargonium	Duftpelargonien	D	🐝 verschiedene	F/S/H/W
Phacelia campanularia	–	D	Honig, 🐝 aromatisch	F/S
Philadelphus 'Manteau d' Hermine'	Falscher Jasmin	DD	fruchtig	S
Phlox paniculata	Phlox	D	aromatisch	S
Pieris japonica	Lavendelheide	D	blumig	F
Polianthes tuberosa	Tuberose	DDD	schwer	H
Prunus 'Jo-nioi'	Japanische Zierkirsche	DD	aromatisch	F
Rhododendron occidentale 'Irene Koster'	Rhododendron	DD	blumig	F/S
Rhododendron viscosum 'Sommerduft'	Rhododendron	DD	blumig	S
Rhododendron viscosum-Hybride 'Soir de Paris'	Azalee (Knap-Hill-Azalee)	DD	blumig	F/S
Rhododendron 'Raimunde'	Azalee (Knap-Hill-Azalee)	DD	blumig	S
Rosa – 'Abraham Darby'	Englische Rose	DD	fruchtig	S/H
– 'Apricot Parfait' (='Evelyn')	Englische Rose	DD	fruchtig	S/H
– 'Belle de Crécy'	Gallica-Rose	DD	Honig	S
– 'Blanc Double de Coubert'	Rugosa-Rose	DD	aromatisch	S+
– 'Buff Beauty'	Öfterblühende Strauchrose	DD	blumig	S/H
– 'Capitaine John Ingram'	Moosrose	DD	blumig	S
– 'Comte de Chambord'	Portlandrose	DD	blumig	S+

→ Fortsetzung Seite 90

Duftpflanzen von A bis Z (Fortsetzung)

Botanischer Name/Sorte	Deutscher Name	Duftintensität[1]	Duftgruppe[2]	Duftzeit
Rosa				
– 'Duftrausch'	Teehybride	DD	blumig	S/H
– 'Duftwolke'	Teehybride	DD	blumig	S/H
– 'Glamis Castle'	Englische Rose	DD	aromatisch	S/H
– 'Graham Thomas'	Englische Rose	DD	blumig	S/H
– 'Guinée'	Kletterrose	DD	blumig	S+
– 'Ispahan'	Damascena-Rose	DD	fruchtig	S
– 'Königin von Dänemark'	Alba-Rose	DD	blumig	S
– 'Margaret Merril'	Floribunda-Rose	D	blumig	S/H
– 'Mme Isaac Pereire'	Bourbon-Rose	DD	fruchtig	S+
– 'Mrs John Laing'	Remontant Rose	DD	blumig	S+
– 'Papa Meilland'	Teehybride	DD	blumig	S/H
– 'Paul's Himalayan Musk'	Rambler-Rose	DD	aromatisch	S
'Princess of Wales'	Remontant Rose	DD	blumig	S+
– 'Tour de Malakoff'	Zentifolie-Rose	DD	blumig	S
Rosmarinus officinalis	Rosmarin	DD	🌿 aromatisch	F
Salvia officinalis	Salbei	DD	🌿 aromatisch	S
Sarcococca hookeriana var. *humilis*	Fleischbeere	DDD	Honig	W
Satureja montana	Bohnenkraut	DD	🌿 aromatisch	S
Skimmia japonica	Skimmie	D	blumig	F
Syringa vulgaris	Flieder	DD	blumig	F
Tanacetum parthenium	Mutterkraut	DD	🌿 aromatisch	S/H/W
Thymus serpyllum	Thymian	DD	🌿 aromatisch	S
Trachelospermum jasminoides	Sternjasmin	DD	schwer	S
Viburnum × bodnantense 'Dawn'	Schneeball	DD	aromatisch	W
Viburnum × burkwoodii 'Anne Russell'	Schneeball	DD	aromatisch	F
Viola-Cornuta-Hybride 'Buttercup'	Miniatur-Stiefmütterchen	DD	Vanille	F
Viola odorata	Duftveilchen	DD/D	blumig	F
Wisteria floribunda	Glyzine, Japanische	D	Vanille	F
Wisteria sinensis	Glyzine, Chinesische	DD	Vanille	F

[1] D – Duft deutlich wahrnehmbar
    DD – Duft intensiv
    DDD – Duft außergewöhnlich intensiv

[2] 🌿 – Laubduft